Anja-Magali Bitter

Die Inszenierung des Realen

Entwicklung und Perzeption des neueren französischen Dokumentarfilms

FILM- UND MEDIENWISSENSCHAFT

Herausgegeben von Irmbert Schenk und Hans Jürgen Wulff

ISSN 1866-3397

Anja-Magali Bitter

DIE INSZENIERUNG DES REALEN

Entwicklung und Perzeption des
neueren französischen Dokumentarfilms

ibidem-Verlag
Stuttgart

Bibliografische Information der Deutschen Nationalbibliothek
Die Deutsche Nationalbibliothek verzeichnet diese Publikation in der
Deutschen Nationalbibliografie; detaillierte bibliografische Daten sind im
Internet über http://dnb.d-nb.de abrufbar.

Bibliographic information published by the Deutsche Nationalbibliothek
Die Deutsche Nationalbibliothek lists this publication in the Deutsche Nationalbibliografie;
detailed bibliographic data are available in the Internet at http://dnb.d-nb.de.

Coverabbildung: © Etre et Avoir – Nicolas Philibert, Les Films d'ici

∞

Gedruckt auf alterungsbeständigem, säurefreien Papier
Printed on acid-free paper

ISSN: 1866-3397

ISBN-10: 3-8382-0066-7
ISBN-13: 978-3-8382-0066-8

© *ibidem*-Verlag
Stuttgart 2010

Alle Rechte vorbehalten

Printed in Germany

Danksagung

Danken möchte ich:

Claire Simon, die mich die Schönheit des Dokumentarfilms sehen lehrte.
Prof. Dr. Gertrud Koch und Prof. Dr. Hermann Kappelhoff für die Betreuung.
Meinen Eltern für ihren Beistand und die konstruktiven Korrekturvorschläge
sowohl in deutscher als auch in französischer Sprache.
Nicole Köstler für ihre moralische und sportliche Unterstützung.
Jan Gerken, Marion Mackert und allen, die namentlich nicht erwähnt werden,
aber zum Gelingen dieses Buches beigetragen haben.

Inhalt

2. Die Fiktion Nichtfiktionalität: Debatten der Filmtheorie

3. Perzeption des französischen Dokumentarfilms im digitalen Zeitalter

Vorwort

Seit der Konzeption und Fertigstellung dieser Studie ist einige Zeit vergangen. Dennoch hat sie keineswegs an Aktualität verloren, im Gegenteil: das dokumentarische Schaffen hat im neuen Jahrtausend nicht nur in Frankreich, sondern weltweit zugenommen und sich ausdifferenziert. Eine so vielfältige Bandbreite und Menge an Dokumentarfilmen und dokumentarähnlichen Genres, wie wir sie heute im Fernsehen wie im Kino vorfinden, hat es bis dato nie gegeben.

Von dieser Entwicklung zeugen viele neuere wissenschaftliche Publikationen und Schriften, wie etwa *Dokumentarfilm. Werkstattberichte* der Gruppe *Super Neun* um Andres Veiel, worin der langwierige, aber spannende Entwicklungsprozess von Dokumentarfilmen anschaulich illustriert wird. Erwähnt sei auch der Sammelband *Referenzen. Zur Theorie und Geschichte des Realen in den Medien*. Darin legen die Autoren dar, wie stark sich dokumentarische Abbildung und ihre Rezeption gerade in den letzen Jahren verändert hat und wie sich dies in und auf andere Medien, wie etwa der Computersimulation, auswirkt.[1] Auch die Vielzahl neuerer Dokumentarfilmfestivals und -intiativen, wie z.B. *Le mois du documentaire* in Paris, das Filmfest *Globale* in Berlin oder *Die Dokumentarfilmwoche Hamburg*, legen nahe, dass das Interesse an der kreativen Darstellung und Perzeption von sozialer Realität nach wie vor groß ist.

Allerdings gibt es bis heute im deutschsprachigen Raum kein Werk zur französischen Dokumentarfilmgeschichte, wie sie die vorliegende Studie skizziert. Wobei es hier sicherlich eine Fülle an Dokumentarfilmen, dokumentarischen Formen und Ausprägungen gibt, die unerwähnt bleiben und genauerer Betrachtung bedürften. Die genannten Filmbeispiele und -analysen können daher nur exemplarisch verstanden werden und decken keinesfalls die Bandbreite sowohl des historischen als auch des neueren Dokumentarfilms komplett ab.[2] Gleichwohl bietet die Studie einen umfassenden Überblick zum französischen Dokumentarfilm sowie einen Einstieg zu dessen Erforschung.

Anja-Magali Bitter, im Dezember 2009

---

[1] Zu diesen und weiteren neueren Publikationen zum Thema siehe Anhang.
[2] Hier sei auf das Gesamtwerk von Depardon, Philibert und Varda verwiesen sowie auf herausragende neuere Filme wie *La Mère* (2007) von Antoine Cattin und *Les arrvivants* (2009) von Claudine Bories.

Einleitung

„Da das Kino die Wirklichkeit reproduziert, führt es am Ende aufs Studium der Wirklichkeit zurück. Aber in einer neuen und besonderen Form: so, als wäre die Wirklichkeit durch ihre Reproduktion erst entdeckt worden und als wären in dieser neuen, „reflektierten" Situation bestimmte Ausdrucksmechanismen an ihr erst hervorgetreten."

(Pier Paolo Pasolini)

„La bonne nouvelle, quant au documentaire, c'est d'abord que le mot lui-même sonne aujourd'hui moins rigide; il a perdu son ancienne senteur boisée, son vieux label d'authenticité certifiée cent pour cent véritable" – mit diesen Worten eröffnet Emmanuel Burdeau eine vor kurzem erschienene Ausgabe der Zeitschrift *Cahiers du Cinéma* die dem Dokumentarfilm gewidmet ist.[3] Aus gutem Grund: der Dokumentarfilm ist, nach einer jahrelangen Flaute und in einer vielfältigeren Weise als je zuvor, sowohl in der französischen Filmlandschaft als auch in der theoretischen Debatte auf dem Vormarsch. Es entbehrt nicht einer gewissen Ironie, dass er ausgerechnet vor dem Hintergrund digital manipulierbarer Bilder eine Renaissance erfährt. Auf diese Weise lässt er die seit seiner Entstehung bestehende Diskussion um den Wahrheitsgehalt der Bilder und im Zusammenhang damit eine Grundfrage der Philosophie wieder aufflammen, nämlich: wie sieht ein richtiges oder „realistisches" Verständnis der Welt aus?

Von den Konzepten der Platoniker bis zur Phänomenologie hat es für die Begriffe *Realität* und *Wirklichkeit* und den zugehörigen Bewertungsprädikaten *real* und *wirklich* die unterschiedlichsten Definitionsversuche gegeben. Das Wort *Wirklichkeit* wurde von der deutschen Mystik für das lateinische *actualitas* geprägt und „benennt wie dieses das Seiende vom Wirken her", wohingegen *Realität* „eher die Seinsweise der materiellen Dinge bezeichnet".[4] Im heutigen Sprachgebrauch ist *Wirklichkeit* fast gleichbedeutend mit *Realität*, wie *wirklich* mit *real* (abgeleitet von dem lateinischen Wort *res*, die Sache). Beide besagen das Dasein beziehungsweise das Daseiende im Gegensatz zum Schein oder zur bloßen Erscheinung. Wobei der Begriff *Wirklichkeit* bevorzugt wird, wenn er das „nur Mögliche" beinhaltet.

---

[3] Emmanuel Burdeau, *La bonne nouvelle*, in: *Cahiers du Cinéma*, Nr.594, 2004, S.12.
[4] Walter Brugger (Hg.), *Philosophisches Wörterbuch*, 1992, S.470.

Aus diesem allgemeinen Definitionsverständnis heraus hat der Filmwissenschaftler François Niney folgende Begriffsbestimmung abgeleitet: „On peut distinguer [...] le réel (*Reale*) existant en dehors de nous, comme horizon de tous les points de vue possibles, et la réalité (*Wirklichkeit*) comme actualisation sensible du réel au cours d'un processus cognitif qui le particularise".[5] Die vorliegende Studie soll dieser Definition bei der Darlegung und Analyse von Bildern des Realen folgen.

Der erste Teil der Studie setzt sich mit der Betrachtung des französischen Dokumentarfilms in seiner Historizität auseinander. Im Sinne der klassischen Filmgeschichtsschreibung werden kanonisierte Filme auf Werkgruppen, Autorschaft und stilbildende Schulen hin untersucht und dargestellt. Soweit möglich wird dabei ein Bogen zur neuen Filmgeschichtsschreibung geschlagen, in dem auf zeittypische Repräsentations- und Wahrnehmungsformen Rücksicht genommen wird. Zudem soll hier auf neuere Analysen klassischer Dokumentarfilme zurückgegriffen werden. Der historische Part erhebt keinen Anspruch auf Vollständigkeit, sondern gewährt einen Einblick in die Vielfalt der Dokumentarfilmproduktion in Frankreich seit ihrer Entstehung vor nunmehr über hundert Jahren. Im Vordergrund steht dabei die Entwicklungslinie des „sozialen" Dokumentarfilms, der als Entdeckermedium des Alltagslebens fungiert, das heißt, Bilder des Lebens entwickelt und den Menschen in das Zentrum seiner Repräsentation von Wirklichkeit stellt. Die vorliegende Studie widmet sich im Bazinschen Sinne dem Film, der als Medium der Reflexion und vor allem des Präsenten agiert. Nicht berücksichtigt werden nichtfiktionale Formen wie essayistische, wissenschaftliche, Natur- oder Tierfilme. Ebenso wenig ist das ethnographische Kino, welches das Leben „primitiver Völker" dokumentiert, Ziel der Untersuchung, sondern vielmehr ein „anthropologisches" Kino, das den Menschen in der modernen Gesellschaft darstellt.

Das Interesse am Menschen zeigt sich besonders ausgeprägt in den Filmen der *Groupe des trente*, wie in dem Abschnitt 1.2.4. dargelegt wird. Doch bereits der frühe nichtfiktionale Film stellt ihn ins Zentrum seiner Aufmerksamkeit, wie die ersten Aufnahmen der Brüder Lumière belegen. Darauf und auf die Möglichkeit, die traditionelle Einteilung des frühen Films in Film*spektakel* einerseits und wirklichkeitsgetreue Filme andererseits differenzierter zu betrachten, wird in

---

[5] François Niney, *L'épreuve du réel à l'écran,* 2002, S.57.

dem Abschnitt *Die Lumière-Filme: ein neuer Blick auf die Wirklichkeit* eingegangen. Die seit Anbeginn gemachten Bilder von öffentlichem Interesse, seien sie datierbar oder nicht, nachgestellt oder dokumentarisch aufgenommen, wurden in Frankreich als „actualité" bezeichnet. Dieser Aspekt sowie der Übergang des frühen Aktualitätenfilms zum „wahren" Dokumentarfilm wird im Anschluss daran dargelegt. Obwohl der Terminus „documentaire" im französischen Sprachgebrauch bereits früh für Reisefilme verwendet wurde, gilt John Griersons Gebrauch der Bezeichnung im Jahr 1926 als traditionsstiftend (vgl.1.1.2.).[6] Ab 1947 formulierte die *Union Mondiale du Documentaire* erste institutionelle Kriterien zur Identifizierung des Dokumentarfilms. Der *Union* zufolge sei ein Dokumentarfilm „tout film qui par des moyens rationnels ou émotionnels et à l'aide des prises de vue de phénomènes réels ou de leur reconstitution sincère et justifiée a pour but d'accroître consciemment les connaissances humaines ainsi que d'exposer les problèmes et leurs solutions au point de vue économique, social et culturel".[7]

In Frankreich kam eine genauere Definition im Jahr 1964 anlässlich der Einführung des zweiten Fernsehsenders auf. Bald schon folgten weitere, insbesondere im Zusammenhang mit der Entstehung der Kategorie *documentaire de création* (vgl.1.3.3.). Heute wird demnach als Dokumentarfilm jeder Film bezeichnet „qui rend compte de faits réels et vise à faire comprendre des problèmes d'ordre économique, culturel et relatifs aux rapports humains".[8] Die ersten Definitionsversuche begannen also nach dem Zweiten Weltkrieg. Mit der bereits zuvor einsetzenden Institutionalisierung des Dokumentarfilms sowie mit der Produktion von nichtfiktionalen Filmen während und nach den Kriegszeiten sollen sich die Abschnitte *Soziales Engagement und Propaganda* und *Vom Widerstand zum poetischen Realismus* befassen.

Der letzte Teil des historischen Parts geht auf die Richtungen des *cinéma direct* und *cinéma vérité* ein, welche sich vor dem Hintergrund bedeutsamer technischer Veränderungen herausbildeten. Wobei das *cinéma vérité* im Prinzip nur eine Methode zwischen zwei Orientierungspunkten („balises") darstelle, erklärt Guy Gauthier: „le direct, qui la définissait dans sa technique de prise de vue, le

---

6 Vgl. die entsprechende Anmerkung bei Grierson in: Forsyth Hardy (Hg.), *Grierson on Documentary*, S.35.
7 Jean Painlevé in: www.lips.org/bio_painleve.asp
8 Roger Odin, *L'âge d'or du cinéma documentaire*, 1998, S.54.

réel, qui la définissait dans son objet".[9] Dennoch haben sowohl das *cinéma direct* als auch das *cinéma vérité* den französischen Dokumentarfilm maßgeblich vorangetrieben, wie in dem Abschnitt *Wirklich und wahrhaftig: cinéma direct und cinéma vérité* gezeigt werden soll. Der darauffolgende Abschnitt gibt einen Einblick in das sozial engagierte, revoltierende Kino der sechziger Jahre sowie in ein zeitgleiches paralleles Kino. Abschließend geht der erste Teil der Studie auf den vielfältigen Umgang des neueren Films mit dem Realen ein.

Im zweiten Teil soll erörtert werden, inwieweit sich die filmtheoretische Auseinandersetzung mit Fragestellungen zum Wirklichkeitsabbild beschäftigt und welche weiterführenden Diskussionen zum nichtfiktionalen Film geführt werden. Beginnend mit den frühen Theorien der Filmemacher Dziga Vertov und John Grierson über zwei der ersten „wirklichen" Filmtheoretiker, André Bazin und Siegfried Kracauer, sollen die Entwicklung sowie das Spektrum der Dokumentarfilmforschung bis zum heutigen Stand dargestellt werden. Auf die Genrefrage, welche seit Anbeginn dokumentarischer Filmarbeit besteht, geht der zweiten Teil dabei nur am Rande ein.[10] An dieser Stelle sei daher angemerkt, dass üblicherweise vom Dokumentarfilm als einem *Genre* gesprochen wird, obwohl die Bezeichnung *Gattung* sehr viel treffender wäre. Denn der Dokumentarfilm steht an hierarchisch höherer Stelle als andere fiktionale und nicht fiktionale Film*genres* und ließe sich in weitere Genres unterteilen. Der zweite Teil bietet den theoretischen Unterbau für den letzten Part, in welchem ausgewählte, neuere französische Dokumentarfilme analysiert werden.

Dieser filmanalytische letzte Teil geht Fragestellungen im Hinblick auf das gestiegene Interesse am neueren Dokumentarfilm nach. So wird zum Beispiel gefragt, woher das Interesse der Zuschauer rührt. Das heißt, wie wendet sich der neuere Dokumentarfilm an sein Publikum? Welches sind seine Strategien? Welche Mittel verwendet er, um die Wirklichkeit zu repräsentieren? Was macht ihn heute so vielfältig? Hierbei soll, wie auch in den beiden vorangehenden Teilen der Studie, der Begriff der Inszenierung („mise en scène") leitend sein. Als filmkritischer Ausdruck verstanden, bezeichnet Inszenierung die kompositorische Anordnung der Figuren und Dinge im Bild. Im Prozess der Filmaufnahme gehören zur Inszenierung außerdem „die gestaltenden Möglichkeiten der Apparatur,

---

[9] Guy Gauthier, *Le Documentaire passe au direct*, 2003, S.196.
[10] Zur Genrefrage vgl. Barry Keith Grant (Hg.), *Film Genre Reader*, 1986.

die durch die Wahl des Kamerastandpunktes und des Objektivs gegeben sind [...]. Die Inszenierung ist von der Montage nicht zu trennen, da sie die bewusste Herstellung des für den Schnitt geeigneten Materials beinhaltet".[11]

Manfred Hattendorf unterteilt die Inszenierung im Dokumentarfilm weiter in die „rekonstruierende Inszenierung" einerseits und die „metadiegetische Inszenierung" andererseits. Mit ersterem sei die nachgestellte Wiedergabe eines Vorgangs gemeint, die „vom Kompilieren von Archivmaterial [...], über das szenische ‚Reenactment' [...], bis zur Mischform des Dokumentarspiels" reiche.[12] Die metadiegetische Inszenierung hingegen bezeichne „selbstreflexive Verweise", die „von einer objektivierenden bis zu einer subjektivierenden Tendenz, von rationalisierender Dokumentarisierung [...] bis zu schauspielerischer Fiktionalisierung [reichen]".[13] Der Filmwissenschaftler Jean-Louis Comolli bezieht den Terminus „Inszenierung" darüber hinaus auf die Frage nach dem Platz des Zuschauers: „la mise en scène sert à poser la question du spectateur à un système de représentation médiatique [...]. La mise en scène est l'art de la mise en relation".[14] Hier soll sowohl auf das filmkritische Verständnis von Inszenierung als auch auf die dem Dokumentarfilm spezifischen Definitionen rekurriert werden. Es wird also nicht nur nach Strategien zur Inszenierung des Realen gefragt, sondern ebenso wie der Zuschauer sie perzipiert. Mit dieser Vorgehensweise möchte die vorliegende Studie an bisherige Ergebnisse anschließen und bemüht sich, durch exemplarische Filmanalysen den dokumentarischen Diskurs voranzutreiben.

[11] Rainer Rother (Hg.), *Sachlexikon Film*, 1997, S.160.
[12] Manfred Hattendorf, *Dokumentarfilm und Authentizität. Ästhetik und Pragmatik einer Gattung*, CLOSE UP, Band 4, 1994, S.313.
[13] Ebenda.
[14] Jean-Louis Comolli, *Voir et pouvoir. L'innocence perdue: cinéma, télévision, fiction, documentaire*, 2004, S.79.

1. Repräsentation und Inszenierung von Realitäten: der französische Dokumentarfilm im Wandel der Zeit

1.1 Der frühe Film und seine Folgen (1895 – 1930)

1.1.1 Die Lumière-Filme: ein neuer Blick auf die Wirklichkeit

„Gestern war ich im Reich der Schatten" fasst der russische Erzähler und Dramatiker Maxim Gorki seinen ersten Besuch im Kino der Brüder Auguste und Louis Lumière zusammen. In seinem Zeitungsartikel über die ersten Vorführungen des Kinematographen in Russland im Sommer 1896 anlässlich der Krönung des Zaren Nikolaj II. schreibt er weiter:

> „Wenn Sie nur wüssten, wie merkwürdig es ist, dort zu sein. Es gibt nicht einen Laut, und keine Farben. Alles dort – die Erde, die Bäume, die Menschen, Wasser und Luft – ist in eintöniges Grau getaucht. Auf grauem Himmel graue Sonnenstrahlen, graue Augen in grauen Gesichtern, auch die Blätter an den Bäumen sind grau, wie Asche. Das ist nicht das Leben, sondern der Schatten des Lebens. Das ist keine Bewegung, sondern der lautlose Schatten der Bewegung".[15]

Obwohl Gorki im Verlauf des Artikels der neuen Erfindung durchaus positive Seiten abgewinnen kann, zum Beispiel sieht er in ihr ein Potential „für die allgemeinen Aufgaben der Wissenschaft [...], für die Vervollkommnung des Lebens, des Menschen und die Entwicklung seines Verstandes", steht er dem Kinematographen, als einer Apparatur die lediglich „lebendige Schatten einer schlechten Radierung" abbildet, skeptisch gegenüber. Im Gegensatz zu den meisten seiner Zeitgenossen, die von den wie durch Zauberhand bewegten Bildern verblüfft sind und in ihnen eine präzise Wiedergabe der Wirklichkeit sehen, erscheinen sie Gorki beklemmend unwirklich.

Es mag zunächst widersprüchlich erscheinen, dass der große Verfechter und Autor naturalistischer Schilderungen sich gegen den Kinematographen ausspricht, eine plausible Erklärung hierfür liefert aber der Filmhistoriker Noël

---

[15] I.M. Pacatus (Maxim Gorki), *Flüchtige Notizen*, Nižegorodskij listok, Nižnij-Novgorod, Nr.182, 4. Juli 1896, S.3, übers. in: Kintop, Nr.4, 1996, S.13.

Burch in seinem Werk zum frühen Film *La Lucarne de l'infini*.[16] Darin bezeichnet er Gorkis Beschreibung als grundlegend für die literarische Richtung des Naturalismus, da sie unverkennbar die Vorstellung von einer naturalistischen Repräsentation ausdrückt, die unter den Intellektuellen und dem gebildeten Bürgertum in Europa am Ende des 19. Jahrhunderts vorherrschte. Wirklichkeit abbilden, erklärt Burch, bedeutete für sie Farben, Laute und Sprache, Tiefe und Ausdehnung im Raum wiederzugeben. All dies fehlte jedoch den noch stummen und grauen Bildern der Lumière-Filme. Verglichen mit den Projektionen der *Laterna Magica* die bereits seit dem 17. Jahrhundert existierten, erscheinen sie technisch gesehen sogar rückständig, wie Thomas Elsaesser bemerkt:

> „Zumindest seit dem 19. Jahrhundert arbeitete sie [die Laterna Magica] äußerst raffiniert mit Bewegung, Farbe und Ton und bot ihrem verwöhnten Publikum Aufführungen, angesichts derer die ersten Filme vor Neid schwarz-weiß erblassen und vor Ärger die Sprache verlieren mussten".[17]

Die fehlende Ästhetik des Naturalismus, welche Gorki den Lumière-Filmen vorwirft, darf allerdings nicht mit dem realistischen oder naturalistischen Blick verwechselt werden, der die Filme sehr wohl auszeichnet. Diese spezifische Art des Sehens steht in der analytisch-experimentellen Tradition eines Eadweard Muybridge oder Jules Marey und zeugt von dem selben wissenschaftlichen Interesse der Brüder Lumière „an den Gesetzen der Bewegung und den Möglichkeiten, Bewegungsabläufe exakt aufzeichnen zu können und Naturphänomene, die dem menschlichen Auge nicht zugänglich sind, darstellbar zu machen".[18] Elsaesser verweist in diesem Zusammenhang auf die neuere Kunstgeschichte, welche sich mit dem frühen Film und seinem Einfluss auf das Sehen auseinandersetzt. Sie trenne dabei den realistischen Blick, der sich dem geschlossenen Bild und seinen phänomenologischen Eigenschaften widmet vom naturalistischen, der „eher auf das Eindringen ins Bild selbst gerichtet [ist], auch um es zu zerlegen und analytisch zu durchdringen".

Selbst wenn die Brüder Lumière nicht von diesen Überlegungen ausgegangen sein mögen, da es ihnen ausschließlich darum ging, das Leben „so wie es ist" ab-

---

[16] Vgl. Noël Burch, *La Lucarne de l'infini*, S. 27 ff. (Zur Genese des Buches vgl. auch Michel Marie, *Noël Burch, Filmhistoriker*, in: Kintop, Nr.12, 2003, S.91ff)

[17] Thomas Elsaesser, *Realität zeigen: Der frühe Film im Zeichen Lumières*, in: Ursula von Keitz/ Kay Hoffmann (Hg.), *Die Einübung des dokumentarischen Blicks*, S.28f.

[18] Ebenda, S.42.

zubilden, getreu ihrem Motto „prendre la nature sur le vif", weisen ihre Filme dennoch stets ein künstlerisches oder ästhetisches Konzept auf. Ihren Aufnahmen, den sogenannten „vues" oder auch „Ansichten", liegen bewusst arrangierte Bildkompositionen und Kadragen zu Grunde. Dieser innerhalb der Filmgeschichte lange vernachlässigte Aspekt hat in den letzten zwei Jahrzehnten zu einer Neuinterpretation der Lumière-Filme geführt und die, wie Elsaesser betont, „historisch so folgenreiche Wiederentdeckung der frühen Kinematographie in den siebziger Jahren" entscheidend mitgeprägt.[19] Seitdem wird insbesondere die raffinierte Inszenierung der Filme hervorgehoben, sowie „die genau ausgedachten Kamerapositionen und die geradezu unheimliche Präzision, mit der die technischen und materiellen Beschränkungen – vornehmlich die vorgegebene Filmlänge von 17 Metern, die festmontierte Kamera und das Fehlen des Schnitts – als Stilwillen und formale Organisationsprinzipien vom Regisseur produktiv gemacht wurden".[20] Elsaesser ergänzt, dass die neue Lesart altbekannter Lumière-Filme wie *Sortie d'usine*, *Démolition d'un mur* oder *L'arrivé du train à la gare de Ciotat* auf ihre „formale Geschlossenheit und metadiskursive Struktur hin" diese Filme von 1895 so modern macht, „als wären sie von Paul Sharits, Hollis Frampton oder Michael Snow gedreht worden".[21]

Darüber hinaus stellt die neuere Filmgeschichte die klassische Dualität von Fiktion und Wirklichkeit, personifiziert durch Georges Méliès auf der einen und der Brüder Lumière auf der anderen Seite, in Frage. Gegen jene traditionelle Einteilung spricht sich in erster Linie wiederum Noël Burch aus. Er unterteilt hierzu das Imaginäre in zwei Bereiche: einerseits in eine „Sicht auf das Leben" als eine „Ausweitung der Ideologie des Gesamtkunstwerks" und andererseits in ein „Registrieren der Bewegung", das eher den „wissenschaftlichen Reflexen" zuzuord-

---

[19] Ebenda, S.35. Bei dieser Revision, die mit dem FIAF-Kongress 1978 in Brighton eröffnet wurde, ging es insbesondere darum, „die Filme aus den ersten beiden Jahrzehnten ihren Eigenheiten gemäß zu betrachten" (Tom Gunning, *Vor dem Dokumentarfilm. Frühe non-fiction-Filme und die Ästhetik der „Ansicht", in:* Kintop, Nr.4, 1995, S.111.).
[20] Thomas Elsaesser, *Realität zeigen*, S.36. Im Rahmen einer neueren Analyse der erhaltenen Negative wurden allerdings Schnitte in den Lumière-Aufnahmen nachgewiesen. 8,5% der Aufnahmen von 1897-1899 hätten demnach willkürliche Unterbrechungen, die dazu dienen, handlungsarme Abschnitte zu überbrücken. Eine bewusste Gestaltung bei der Aufnahme lässt sich also entgegen bisheriger Annahmen viel früher und in größerem Umfang belegen. (Vgl. hierzu François Albera/ Marta Braun/ André Gaudreault (Hg.), *Arrêt sur image, fragmentation du temps*, Éditions Payot, Lausanne 2002)
[21] Ebenda.

nen ist.[22] Gleichzeitig weist er darauf hin, dass der Unterschied zwischen Dreharbeiten im Freien und im Studio der ebenfalls den Gegensatz Méliès/Lumière charakterisiert, differenzierter zu betrachten sei. Méliès kreierte zwar im Glasatelier künstliche Welten, strebte aber wie die Brüder Lumière danach, „Prozesse aufzuzeichnen (Transformationen, Substitutionen, Überraschung und Magie)".

Thomas Alva Edison hingegen, der seine kinematographischen Experimente ebenfalls im Studio vornahm, konzentrierte sich einzig und allein auf die Simulation von Wirklichkeit, auf Effekte „die an die Stelle des Lebens selbst treten konnten".[23] Dieser bedeutende Unterschied veranlasse Burch dazu, das erste Kapitel von *La lucarne de l'infini* mit *Charles Baudelaire contre le docteur Frankenstein* zu betiteln, bemerkt Elsaesser. Denn dem Kameramann im Sinne der Brüder Lumière komme Baudelaires Beschreibung des Flaneurs, als eines Spaziergängers der stets mit einem aufmerksamen, suchenden Blick durch die Welt geht, sehr entgegen.[24] Edison indes ähnele vielmehr Doktor Frankenstein, dem „faustischen oder prometheischen Erfinder", der Leben „ohne die Hilfe der Natur (und des weiblichen Prinzips)" zu erschaffen sucht.[25]

Mit seiner Unterteilung des Imaginären vereint Burch also die Position Méliès und der Brüder Lumière einerseits und stellt sie andererseits Edison und auch dem späteren Hollywoodkino gegenüber. „Unterhalb des ideologischen Gegensatzes zwischen Realismus und Phantasie, zwischen dokumentarischem Drehen und Studioaufnahmen" ergänzt Elsaesser, „entdeckt Burch eine wichtige Kontinuität in der Sicht auf die Welt. Lumière und Méliès ist die experimentelle Verwendung des kinematographischen Apparats gemeinsam, wodurch sich eine direkte Verwandtschaft mit der Arbeit der Avantgarde ergibt, von Hans Richter bis hin zu Peter Kubelka und Andy Warhol".[26]

---

[22] Noël Burch, zitiert nach Elsaesser, *Hommage an Noël Burch*, in: Kintop, Nr.12, 2003, S.51.
[23] Ebenda, S.51f.
[24] Hat der Kameramann jedoch eine visuellen Anreiz gefunden, bleibt im Gegensatz zum Flaneur stehen, fixiert seinen Blick und wählt einen festen Standpunkt, um eine Aufnahme machen zu können. Da er immer das Festhalten eines Bildes zum Ziele hat, ist der Blick des Kameramanns prinzipiell ein interessierter. Ab dem Moment der Aufnahme verlässt er schließlich das Flaneur-Dasein und wird zu einem distanzierten Beobachter. (Vgl. Livio Belloï, *Lumière und der Augen-Blick*, in: Kintop, Nr. 4, 1995, S.27ff)
[25] Elsaesser, *Hommage an Noël Burch*, S.52.
[26] Ebenda.

Diese künstlerische Art des Filmemachens, die Burch sowohl bei Lumière als auch bei Méliès sieht, basiert letztlich auf der entscheidenden Neuerung die er in Bezug auf das frühe Kino macht: statt wie bisher von linguistischen Theorien auszugehen und Filme auf ihre Bedeutungsstrukturen hin zu untersuchen, spricht Burch dem frühen Film einen eigenen „Repräsentationsmodus" zu. Er deklariert ihn als eigenständige Form, „mit einer eigenen Logik, Kohärenz und vor allem professionellen Kunstfertigkeit in der Verwendung des Mediums". Burch sieht im frühen Film eine Alternative und nicht bloß eine Vorstufe zum späteren, klassischen Kino.[27] Letzteres bezeichnet er als den „institutionellen Repräsentationsmodus" (IRM) im Gegensatz zum „primitiven Repräsentationsmodus" (PRM) wie er den frühen Film nennt.[28] Charakteristisch für den PRM sei die frontale Inszenierungsweise, welche den filmischen Raum nicht „haptisch" wie im IRM, sondern „Flächig" erscheinen lässt. Burch spielt hier bewusst auf die zeitgenössische „Tableau-Literatur" an, die sich dadurch auszeichnete, mit ihren detaillierten Beschreibungen ein äußerst realistisches Bild der Zeit wiederzugeben.[29] Er bezeichnet die Lumière-Aufnahme als ein „Dokumentar-Tableau", da die Kameraeinstellung „es so gut als möglich gestattet, einen Wirklichkeitsausschnitt ‚einzufangen' und diesen dann zu filmen, ohne sich um die Kontrolle oder Zentrierung des Geschehens zu kümmern".[30]

Der Filmwissenschaftler Livio Belloï hält diese Auffassung für „einigermaßen reduktionistisch". In seinem Aufsatz *Lumière und der Augen-Blick* wirft er Burch vor, den „Effekt der Nicht-Zentrierung gegenüber allem anderen" zu überschätzen:

> „Dies liegt durchaus in der Logik seines Unterfangens, denn so kann er die Nicht-Zentrierung als Merkmal des ganz frühen Kinos der Zentrierung entgegensetzen, die bekanntlich ein wichtiges Merkmal des „institutionellen Repräsentationsmodus" darstellt".[31]

---

27 Ebenda, S.49.

28 Vgl. Elsaesser, *Hommage an Noël Burch*, S.49ff.

29 Neben den eindringlichen Schilderungen des Stadtlebens von Honoré de Balzac in seinem Romanwerk *Die menschliche Komödie* (Paris, 1842-1848), ist vor allem Louis Sébastien Merciers *Tableau de Paris* (Paris, 1781-88) als beispielhaft hierfür anzusehen. (Vgl. Karlheinz Stierle, *Der Mythos von Paris*, München 1993)

30 Noël Burch, *La Lucarne de l'infini*, S. 24.

31 Livio Belloï, *Lumière und der Augen-Blick*, in: Kintop, Nr. 4, 1995, S.39.

Mit *Sortie d'usine* wähle Burch außerdem ein gutes Beispiel, um seine These zu belegen. Die von Belloï umfassend analysierte Aufnahme *Débarquement d'une mouche* (1896) macht jedoch deutlich, dass „die Nicht-Zentrierung bei Lumière nur eine Raumorganisation neben anderen ist", da es Aufnahmen wie diese gibt, die „gerade von dem elementaren Bestreben, die *Darstellung zu zentrieren*" zeugen.[32]

Belloïs Kritik an Burchs These legt nahe, wie schwierig es ist, den Lumière-Filmen, mit denen sich nach wie vor das Konzept des Dokumentarfilms verbindet, eine einheitliche Form zuzuweisen. Letztlich resultiert sie auch aus der Tatsache, dass ihre Aufnahmen, wie alle frühen Filme, dafür gedacht waren mehrmals hintereinander gesehen zu werden, „ohne das Auge zu ermüden oder die Erwartung zu enttäuschen".[33] Burchs Theorien weisen noch weitere Unstimmigkeiten auf, wie etwa die Periodisierung des frühen Films – im allgemeinen versteht er darunter die Zeit von 1895-1915, manchmal situiert er jedoch den Wendepunkt vom PRM zum IRM 1905, 1906 oder 1907 –, doch muss ihm zu Gute gehalten werden, dass er mit seiner Arbeit zum frühen Kino als erster ein Instrumentarium entwickelt hat, „das zumindest im Entwurf die Eigentümlichkeiten des Kinos seit seinen Anfängen in Begriffe fasst".[34] Er hat gezeigt, dass hinter den Aufnahmen der Brüder Lumière mehr steckt, als nur die stummen und grauen Bilder die Gorki darin sah, nämlich eine filmische Sprache, „die auf eine uns nicht mehr unmittelbar zugängliche Tradition des Schauens und des Bildesverständnisses zurück[geht], die eigentlich aus dem 19. Jahrhundert stammt und dennoch merkwürdig modern zu sein scheint".[35]

---

[32] Ebenda, S.27ff.

[33] Elsaesser, *Realität zeigen,* S.40. Laut Elsaesser greift das mehrmalige Abspielen der Filme wiederum das „Edison'sche Prinzip des Kinetoscope auf, in dem eine Endlosschleife den Film immer wieder nach Einwurf der fünf Cents abspielen lässt". Es verweist außerdem auf die ökonomischen Interessen der Filmpioniere, wobei die Brüder Lumière genau wie Muybridge und Marey weniger auf die sich entwickelnde Unterhaltungs- und Vergnügungsbranche abzielten als, ihrem Forscherdrang entsprechend, auf Anwendungen in Bereichen der Industrie und Landwirtschaft.

[34] Elsaesser, *Hommage an Noël Burch,* S.61.

[35] Elsaesser, *Realität zeigen,* S.42.

1.1.2. Von Aktualitäten zu Dokumentarfilmen

Die Brüder Lumière zeigten von Anfang an Ereignisse des öffentlichen Lebens wie Staatsbesuche, Paraden, Krönungen, Denkmalsenthüllungen, Einweihungsfeiern und ähnliches mehr. Neben der Abbildung „filmwürdiger Szenen" ging es ihnen hierbei immer auch darum, ein Bild von den aktuellen Begebenheiten zu vermitteln, welche die schriftliche Presse verkündete. Ihre Aufnahmen und ebenso die späterer Filmgesellschaften standen in dieser Hinsicht dem Journalismus sehr viel näher als dem Film. Die Bandbreite der Themen kam einer durchschnittlichen französischen Tageszeitung gleich, weswegen man auch von „kinematographischen Aktualitäten" sprach. Dieser Terminus blieb bis zum ersten Weltkrieg noch recht unklar. Mit der ab März 1909 erscheinenden Wochenschau *Faits-Divers* der Firma *Pathé Frères* kristallisierte sich aber eine Definition heraus, die Charles Pathé folgendermaßen beschreibt: „Wir verstehen hierunter Szenen von allgemeinem und internationalem Interesse, denen es gelingt, durch ihre Bedeutung die Massen zu begeistern".[36]

Tatsächlich boten die Aktualitätenfilme der Firma Pathé mehr als die bewährten Themen der Lumière-Aufnahmen. In ihrem Aufsatz *Der Aktualitätenfilm vor dem ersten Weltkrieg in Frankreich* erklärt Sabine Lenk, dass Pathé „nun ebenfalls Ereignisse und Persönlichkeiten [zeigte], die dem (vielfach weiblichen) Arbeiter- und Angestelltenpublikum näher [standen]. [...] Im Gegensatz zur ‚Hofberichterstattung' der Firma Lumiere", fügt Lenk hinzu, bot „das *Pathé-Journal* gerne ‚Vermischte Nachrichten' auf verschiedenen Ebenen an", zum Beispiel über Wunderkinder, Schönheitswettbewerbe, bürgerliche Heldentaten, Verbrechen und Erlasse.[37] Um den Zuschauern so vielfältige Aufnahmen wie möglich präsentieren zu können, durchkämmten die Kameramänner von Lumière und Pathé den gesamten Globus. Einer dieser ersten ‚Bilderjäger' war Alfred Ma-

---

[36] Charles Pathé, zitiert nach Youen Bernard, *Die Aktualitätenfilme der Kinematographengesellschaft ‚Le Lion'*, in: Kintop, Nr. 6, 1997, S.121. Die Filmgesellschaft *Gaumont* bezeichnete ihre Aufnahmen als „scènes officielles". (Vgl. *Projections parlantes*, Etablissements Gaumont, Paris 1908, S.76)

[37] Sabine Lenk, *Der Aktualitätenfilm vor dem ersten Weltkrieg in Frankreich*, in: Kintop, Nr. 6, 1997, S.60f. Ab 1912 gab Pathé zusätzlich zu den *Faits-Divers* noch eine illustrierte Zeitung heraus, „die wohl gleichzeitig als Kinoprogramm und als Werbung für das Filmjournal dient[e]".

chin.[38] Im Auftrag von Pathé reiste er 1907 und 1909 für jeweils neun Monate nach Afrika, um exotische Aufnahmen des „mysteriösen" Kontinents für die Wochenschauen zu machen.[39] Gemeinsam mit seinem Führer, dem Zoologen und Jäger Adam David, ging Machin auf „photografische Jagd", bemerkt Roland Cosandey in seiner Einleitung zu den Reiseberichten Davids, welche eine konkrete Vorstellung von der Filmarbeit unter den tropischen Bedingungen liefern.[40] Die Aktualitätenfilme, zu denen jene Natur- oder Reisebilder über Afrika gehörten, fanden ihren Höhepunkt in den zehner und zwanziger Jahren „mit den für Albert Kahn und seine Utopie von den *Archives de la planète* gedrehten Filmen", erklärt Tom Gunning in seinem Aufsatz *Vor dem Dokumentarfilm*.[41] Kahn, ein Bankier aus Paris, hegte den Wunsch, „einen schier endlosen und tendenziell vollständigen Katalog von Ansichten der Welt zu erstellen" bemerkt Gunning und ergänzt:

> „Die Aufnahmen sind nicht zu Dokumentarfilmen kompiliert, die Bräuche oder politische Ereignisse erklären, sondern erscheinen eher als Bilder des Alltagslebens in verschiedenen Ländern: Kleidung, Straßenleben, nationale ‚Typen', Feste der Eingeborenen, religiöse Bräuche. In ihrer Gesamtheit genommen, zeigen die Filme ein exotisches Panorama der ganzen Welt: eine vollendete Weltausstellung".[42]

Die Filme seien dabei keineswegs frei von Ideologie, stellt Gunning weiter fest. Es trete hier im Gegenteil „ein ganzes Vokabular kolonialistischen und sexistischen Schauens" in einem ursprünglichen Akt zutage.[43] Hierin liegt auch ein Unterschied, den der Dokumentarfilmer John Grierson zwischen frühen dokumentarischen Formen wie dem Aktualitätenfilm und späteren Dokumentar-

---

[38] Vgl. hierzu Eric de Kuyper, *Alfred Machin Cinéaste/Film-maker*, Cinémathèque Royale de Belgique, Brüssel 1995.

[39] Das in den Dokumentaraufnahmen jener Zeit vielfach gebrauchte Adjektiv „mysteriös" (weitentfernte Länder erscheinen zwangsläufig mysteriös) trug nicht unwesentlich zur Vermischung der Genres bei.

[40] Vgl. Roland Cosandey, *Wahrheit und Machenschaft. Adam David und Alfred Machin mit Kinematograph und Büchse im afrikanischen Busch*, in: Kintop, Nr. 10, 2001, S.105 sowie Adam David, *Jagden und Abenteuer in den Gebieten des oberen Nil*, Friedrich Reinhardt, Basel 1916.

[41] Tom Gunning, *Vor dem Dokumentarfilm. Frühe non-fiction-Filme und die Ästhetik der „Ansicht"*, in: Kintop, Nr. 4, 1995, S.116.

[42] Ebenda. Bei der Wahl der Themen spielte für Kahn ebenso wie für die Brüder Lumière, „der bereits vor der Jahrhundertwende verbreitete Gedanke, den Kinematographen als Geschichtsschreiber einzusetzen und mit seiner Hilfe bedeutende Szenen für die Nachwelt festzuhalten", sicherlich eine Rolle. (Sabine Lenk, *Der Aktualitätenfilm vor dem ersten Weltkrieg in Frankreich*, S.62.).

[43] Tom Gunning, *Vor dem Dokumentarfilm*, S.117.

filmen macht. Selbst wenn in späteren Filmen der Blick weiterhin inszeniert wird, so würden diese über eine „ursprüngliche Begegnung" im Akt des Schauens hinausgehen, erklärt Gunning.[44] Der Ausdruck „Aktualitätenfilm" beziehe sich daher auf die Zeit vor 1914. Ab den letzten Kriegsjahren könne man von Dokumentarfilmen im Sinne Griersons sprechen.[45] Letzterer hatte den Terminus in seiner Besprechung des Films *Moana* (1926) von Robert Flaherty, die in *The New York Sun* am 8. Februar 1926 erschien, als erster verwendet. „Er attestierte Flahertys Film „documentary value" und lobte „the creative treatment of actuality"", erklärt Martin Loiperdinger.[46] Grierson grenzte damit „eine neue Herangehensweise von der übrigen Produktion" ab: der einfach ‚beschreibenden' Funktion früher nicht-fiktionaler Filme stellte er die „interpretierende' Ausrichtung des wahren ‚Dokumentarfilms'" gegenüber.[47] Diese Unterscheidung hält Gunning für richtig und notwendig, obwohl sie innerhalb der Filmgeschichte dazu führte, dass die ersten 25 Jahre der Dokumentarfilmproduktion, die Lumière-Filme ausgenommen, lange Zeit einfach übersprungen wurden.[48]

Der Übergang des Aktualitätenfilms zum „*Dokumentarfilm* als einer rhetorischeren und diskursiveren Form, welche die Bilder in eine argumentative oder eine dramatische Struktur einbettet",[49] wird besonders in den Propagandafilmen des ersten Weltkriegs deutlich. Das Kriegsgeschehen werde in diesen Filmen „zusehends als visueller Beweis für eine Aussage präsentiert, die implizit getroffen, häufig aber in Form von Zwischentiteln auch explizit sprachlich formuliert wird", konstatiert Loiperdinger.[50] Die Gründe für jene Darstellungstendenz seien zum einen „das Bedürfnis der kriegführenden Staaten, die eigene Bevölkerung zu beruhigen und sie gegen den Feind zu mobilisieren" und zum anderen die Unmöglichkeit, Kriegsbilder direkt widerzugeben – es sei denn *nach*

---

[44] Ebenda.
[45] Gunning betont, dass diese Periodisierung vorläufig sei, doch habe der erste Weltkrieg „eine wichtige Rolle bei der Transformation des *non-fiction*-Films" gespielt.
[46] Martin Loiperdinger, *Die Erfindung des Dokumentarfilms durch die Filmpropaganda im Ersten Weltkrieg*, in: Ursula von Keitz/ Kay Hoffmann (Hg.), *Die Einübung des dokumentarischen Blicks,* S.28f. S.71ff.
[47] Tom Gunning, *Vor dem Dokumentarfilm*, S. 112.
[48] Erst jetzt beginnt man mit einer gezielten Aufarbeitung dieser Periode, die weitaus weniger überschaubar ist als das Gebiet des Fiktion. (Vgl. hierzu auch Martin Loiperdinger, *Die Erfindung des Dokumentarfilms durch die Filmpropaganda im Ersten Weltkrieg*, S.71ff)
[49] Tom Gunning, *Vor dem Dokumentarfilm*, S.117f.
[50] Martin Loiperdinger, *Die Erfindung des Dokumentarfilms durch die Filmpropaganda im Ersten Weltkrieg*, S.75.

den Schlachten. Aufnahmen von Toten und Verletzten gelangten aber nur selten in die Kinos. Eine Ausnahme bilden hier die Darstellungen der Filmgesellschaft *Gaumont*, welche im März 1915 Bilder von toten französischen Soldaten in den Vogesen brachte, die der englische Kameramann Geoffrey Malins aufgenommen hatte.[51] Da für gewöhnlich jedoch nur mit „erläuternden oder apellativen Zwischentiteln" versehene Aufnahmen von zerstörten Häusern, Brücken oder Kirchen gezeigt wurden, verwundert es nicht, dass ein „propagandistisch unbefriedigender Zustand" vielerorts beklagt wurde, folgert Loiperdinger.

Unterschwellig tendierten in der Sahara gedrehte Expeditionsfilme, die den Natur- und Reisebildern folgten, ebenfalls zu Propaganda.[52] Bis Mitte der dreißiger Jahre machten sie einen Großteil der französischen Dokumentarfilmproduktion aus, stellt Guy Gauthier in seinem Werk *Le Documentaire – un autre Cinéma* fest. Regisseure wie Léon Poirier oder Paul Castelnau stellten in ihren Filmen die Kolonialmacht Frankreich stets in einem guten Licht dar, das heißt sie förderten bewusst den französischen Patriotismus mit exotischen Bildern. Darüber hinaus wurde in Poiriers Film *La Croisière noire* (1925) wie auch in *La Traversée du Sahara en auto-chenilles* (1923) von Castelnau bestimmte Ereignisse vor realem Hintergrund inszeniert. Bis solche nachgestellten Aufnahmen Zweifel an der Wirklichkeitsabbildung der Filme aufkommen ließen dauerte es allerdings einige Jahre, merkt Gauthier an:

> „En attendant, les cinéastes qui traversent le désert pour la glorification des expéditions coloniales savent faire la différence [...]. Acteurs, reconstitution, utilisation des lieux pour les besoins d'un tournage: les événements relatés sont à peu près exacts, mais il s'agit d'une fiction à la gloire de l'Empire".[53]

Eine generelle Diskussion um den Wahrheitsgehalt von Filmbildern hatte zwar ab 1907/1908 als die ersten Artikel über Filmtricks erschienen begonnen,

---

[51] Geoffrey Malins war der Kameramann des ersten „großen" Propagandafilms aus England: *The Battle of the Somme* (1916).
[52] Jean Breschand weist darauf hin, dass der Terminus „Propaganda" zu jener Zeit gleichbedeutend mit dem heutigen Begriff „Kommunikation" war (Jean Breschand, *Le documentaire. L'autre face du cinéma*, S.18.). Bis zum Sieg der Alliierten über das nationalsozialistische Deutschland, bemerkt Loiperdinger, hatte der Ausdruck keine negative Konnotation. Für Grierson und seine Zeitgenossen bestünde sogar „zwischen Dokumentarfilm und Propaganda kein Gegensatz" (Martin Loiperdinger, *Die Erfindung des Dokumentarfilms durch die Filmpropaganda im Ersten Weltkrieg*, S.71ff.).
[53] Guy Gauthier, *Le Documentaire – un autre Cinéma*, S.40.

doch glaubten noch viele an „die Unfälschbarkeit des bewegten fotografischen Bildes, an die Authentizität des auf der Leinwand mit eigenen Augen Gesehenen", erklärt Sabine Lenk.[54] Für die damaligen Zuschauer mochte auch „dieser Unterschied zwischen nachgestellten und tatsächlichen Bildern des Geschehens gar nicht entscheidend" gewesen sein. Lenk vermutet, dass es ihnen in erster Linie darum ging, sich „einfach nur ein Bild vom Ereignis" zu machen.[55] Tatsächlich schreckten viele frühe Dokumentarfilme nicht vor einer rekonstruierenden Inszenierung zurück, im Gegenteil: die Suche nach einer Form führte in den zwanziger Jahren zu dem, was Gauthier als „documentaire romancé" bezeichnet, einem sich bewusst zwischen Wahrheitsanspruch und Dichtung ansiedelnden, romanhaften Dokumentarfilm.[56]

Diese der Idee des Dokumentarfilms entgegen arbeitende Form, hing sicherlich mit dem Anliegen zusammen, dem erfolgreichen Spielfilm ebenbürtig sein zu wollen, vermutet Gauthier: „Toute l'histoire du documentaire pourrait d'ailleurs s'écrire au fil de ses efforts de séduction pour concurrencer le cinéma romanesque".[57] Die Suche nach einer Form, nach einer „kinematographischen Sprache" zeichnet letztlich den frühen Film aus. Die Zeiten der Bilderjagd im Freien, das heißt die Aufnahmen außerhalb der Studios und ohne Einsatz von Schauspielern, waren hierfür sehr lehrreich. In seinem Artikel *100 années Lumière* kommt Jean-Pierre Jeancolas daher zu dem Schluss, dass der frühe Film am Ende der zwanziger Jahre seine Vollkommenheit erreicht hatte: „À la fin du muet, le cinéma avait atteint une réelle plénitude artistique".[58]

---

[54] Sabine Lenk, *Der Aktualitätenfilm vor dem ersten Weltkrieg in Frankreich*, S.53. (Vgl. hierzu Roland Cosandey, *Cinéma 1908, films à trucs et Film d'art: une campagne de L'Illustration*, Cinémathèque, Nr.3, Frühling/Sommer 1993, S.58-71.)

[55] Sabine Lenk, *Der Aktualitätenfilm vor dem ersten Weltkrieg in Frankreich*, S.54.

[56] Auffällig ist, dass sich der *documentaire romancé* zeitgleich mit der erfolgreichen literarischen Richtung der Zeitungsreportage, die als neue Informationsmöglichkeit das Leben unmittelbar und direkt wiedergeben sollte, entwickelt. In der Tradition reisender Schriftsteller des 19. Jahrhunderts verfassten bedeutende Autoren wie Paul Morand, Joseph Kessel, Albert Londres oder Élie Faure Reiseberichte von großem literarischem Wert. Exemplarisch hierfür ist *Voyage au Congo* (1927) von André Gide sowie der gleichnamige, begleitende Film von Marc Allégret.

[57] Guy Gauthier, *Le Documentaire – un autre Cinéma*, S.43.

[58] Jean-Pierre Jeancolas, zitiert nach Gauthier, *Le Documentaire – un autre Cinéma*, S.47.

1.1.3. Exkurs: Flaherty und Vertov, Väter des Dokumentarfilms

Wenn der frühe Film nach wie vor durch Lumière auf der einen und Méliès auf der anderen Seite charakterisiert werden kann, so hat die Geburtsstunde des „wahren" Dokumentarfilms ebenfalls zwei Gründerväter: den amerikanischen Forscher Robert Flaherty und den sowjetischen Futuristen Dziga Vertov, argumentiert François Niney in seinem Essay *L'épreuve du réel à l'écran*.[59] Beide hätten auf gegensätzliche Weise etwas zum Dokumentarfilm beigetragen, das insbesondere auf die Richtungen des *cinéma direct* und *cinéma vérité* eingewirkt habe (vgl.1.3.1.).

Die gegensätzlichen Vorgehensweisen der beiden Filmemacher siedelt Niney auf drei Ebenen an: Flaherty bevorzugte erstens eine selbständige Entfaltung der Aufnahmen, während Vertov in allem Montage sah – von der Wahl der Motive und Drehorte, über den Dreh selbst bis hin zum Schnitt. Zweitens wendete Flaherty stets einen linearen, deskriptiven Schnitt an, um die Chronologie der Aufnahmen beizubehalten. Vertov hingegen erfand die „polyphone Montage mit Intervallen", das heißt, ihm ging es nicht um Narration, sondern um gleichzeitig nebeneinander existierende und einander durchdringende Motive, rückläufige und aufeinanderfolgende Einstellungen.[60] Drittens sah Vertov in der Kamera die Möglichkeit, das „wahre Leben" der modernen Gesellschaft einzufangen, wohingegen Flaherty das „natürliche, ursprüngliche Leben" im Sinne Rousseaus aufzuzeichnen gedachte.

Mit Rousseau stimmte Flaherty darin über ein, dass die primitivsten und am wenigsten entwickelten Völker die glücklichsten und am wenigsten korrupten seien, konstatiert Richard Barsam in seinem Buch *The vision of Robert Flaherty*. Flaherty glaubte zudem wie Rousseau daran, dass Künste und Wissenschaften die natürliche Güte des Menschen korrumpieren würden. Im Gegensatz zu Rousseau, der nie in fremde Länder gereist war, untermauerte Flaherty seine Ansichten allerdings mit Weltreisen:

---

[59] François Niney, *L'épreuve du réel à l'écran*, S.47.

[60] Der Terminus „Intervall" kann dabei auf dreierlei Arten verstanden werden: räumlich (als Distanz zwischen zwei Punkten), zeitlich (als Dauer zwischen zwei Augenblicken) und musikalisch (als Beziehung zwischen zwei Tonhöhen). In jedem Fall soll er, im Gegensatz zum üblichen „continuity editing" des narrativen Films, eine visuelle Diskontinuität erzeugen, um die Dynamik des Lebens sichtbar zu machen. (Vgl. hierzu Jacques Aumont, *Les théories des cinéastes*, S.13.)

„In fact, his travels served as a means of escape, for he succeeded in ignoring the unpleasant aspects of life – human exploitation, corruption, and misery – that he found everywhere he went to make films. His passionate love of life – of people, animals, the earth itself – seems to have been all he needed in the way of preparation for exploring whatever geography, temporal or spatial, that intrigued him".[61]

Flaherty ersann Ereignisse und Charaktere, wenn er mit dem was er vorfand nicht zufrieden war: in seinem Film *Man of Aran* (1934) schickte er Männer auf eine Haifischjagd wie sie sie seit Jahren nicht mehr praktizierten und in *Louisiana Story* (1948) stellte er einen Kampf zwischen einem Jungen und einem Alligator nach. Ebenso hatte er das Geschehen in seinem ersten Film, *Nanook of the North* (1921), gelenkt und inszeniert. Dieser Film über eine Eskimofamilie, der Flaherty weltweiten Ruhm einbrachte, übertraf frühe, kolonialistische Expeditionsfilme in seiner humanen Darstellungsweise bei weitem. Aufgrund der rekonstruierenden Inszenierungen ordnet Gauthier ihn der Richtung des *documentaire romancé* zu und Barsam ergänzt: „While this [invented narrative and characters] achieved some effects that might otherwise have been unattainable, it was not faithful to actuality and did not offer a model that *re*-presents reality".[62] Als Flaherty selbst nach dem Grund für seine Inszenierungen gefragt wurde antwortete er: „Sometimes you have to lie. One often has to distort a thing to catch its true spirit".[63] Filmemachen sei für ihn kein wissenschaftlicher Prozess gewesen, erklärt Barsam Flahertys Äußerung, „but an act of the imagination; it is both photographic truth and cinematic re-arrangement of the truth". In diesem Punkt unterscheide Flaherty sich von Anthropologen und Ethnographen, weswegen Barsam seine Vorgehensweise auch mit Historienmalerei, als einem narrativen Genre das ebenfalls Fakten durch fiktionale Elemente ersetzt, vergleicht.

Wenn Flaherty die Wirklichkeit in seinen Filmen auch verzerrt wiedergab, so hegte er damit keine propagandistischen Intentionen. Vertov hingegen habe stets im Dienste der russischen Revolution gefilmt, um bestimmte Überzeugungen zu „propagieren", stellt Gauthier fest. Es wäre jedoch vereinfachend zu sagen, letzterer habe deshalb ausschließlich Propagandafilme gedreht. Seine Filme

---

61 Richard Barsam, *The vision of Robert Flaherty*, 1980, S.115.
62 Ebenda, S.116.
63 Robert Flaherty, zitiert nach Richard Barsam, *The vision of Robert Flaherty*, S.118.

sind vor dem revolutionären Hintergrund sehen in welchem sie entstanden sind, genauso wie die nostalgische Weltsicht und ein gewisser Mystizismus in Flahertys Filmen nicht verkannt werden darf. Letztlich bestand Flahertys Ziel nicht darin, den „neuen Menschen" in der „neuen Welt" zu zeigen; mit seiner humanen Herangehensweise wollte er vielmehr das elementare Leben des einfachen Mannes, des „guten Wilden" darstellen. *Der Mann mit der Kamera* (1929) von Vertov sollte dagegen die Vision einer exzentrischen Welt, eines sich ständig verändernden Menschen liefern, bemerkt Niney und folgert: „Si Vertov est un futuriste, Flaherty est un passéiste".[64]

So weit sie in ihren Ideologien auch divergierten, in einem Punkt stimmten der amerikanische Forscher und der sowjetische Futurist miteinander überein: beide sahen in der Kamera eine „magische Möglichkeit", um Unsichtbares sichtbar zu machen. Vertov bezeichnete dies als „Ciné-œil" („Kinoglaz"), erklärt Niney und Jacques Aumont ergänzt:

> „Le cinéaste est celui qui apprend à voir, vite et exactement; or pour cela, il ne faut pas voir avec son œil, mais avec sa caméra ; il faut faire confiance à ce surœil, et le rendre autonome : libéré du temps et de l'espace, le „cinœil" nous offrira sa perception radicalement neuve".[65]

Wie Vertov so vertrat auch Flaherty die Position, dass man der Kamera und nicht dem eigenen Auge trauen müsse. Erstere nahm für ihn aber stets nur eine einzige Sichtweise an, um den „individuellen, typischen und familiären Helden" zu zeigen, betont Niney, während das Ciné-œil für Vertov eine Vervielfachung der Sichtweisen bedeutete, die keine Individuen inszeniere, sondern Bewegungen von Massen, Maschinen und Ereignissen. Hieraus wiederum resultierten die zuvor erwähnten gegensätzlichen Montagekonzepte (polyphon und linear), den heterogenen Rhythmusempfindungen von Vertov und Flaherty entsprechend. Diese Differenzen führten dazu, dass Flaherty in seiner Herangehensweise stets die Aufnahme und Vertov die Montage bevorzugte.

„On ne peut défendre le montage et soutenir dans le même temps l'intégrité du réel. La contradiction est flagrante", kritisierte Jean Mitry Vertovs Ansatz.[66] Mitrys Ausspruch verweise auf die klassische Vorstellung vom Dokumentarfilm

---

[64] François Niney, *L'épreuve du réel à l'écran,* S.48.
[65] Jacques Aumont, *Les théories des cinéastes,* S.62.
[66] Jean Mitry, zitiert nach Guy Gauthier, *Le Documentaire – un autre Cinéma,* S.147.

der die Wirklichkeit respektiere und Montage nicht als Mittel zur Manipulation benutze, erklärt Gauthier. Hiervon sind Vertovs Kreation des „neuen und perfekten Menschen" mit Hilfe des Ciné-œil, aber auch Flahertys Inszenierungen, natürlich sehr weit entfernt. Ebenso muss der direkte Einfluss der beiden auf spätere Dokumentarfilmrichtungen relativiert werden. Edgar Morin und Jean Rouch verkündeten zwar die Geburt des *cinéma vérité* als Hommage an Vertov, indem sie dessen Filmblatt *Kinoprawda* mit „cinéma vérité" übersetzten; Gauthier hält es aber für fraglich, dass Vertov das *cinéma vérité* antizipierte:

> „Vertov est devenu l'un des gourous du cinéma direct (dit „vérité" sur l'interpretation d'une traduction), partageant avec Flaherty la paternité d'un mouvement qui ne devait au fonds pas grand chose à l'un et à l'autre".[67]

Ersterer bleibe eine wichtige Referenz für den Dokumentarfilm, sei aber eher ein Künstler der Avantgarde „pratiquant une certaine forme de „collages" à base d'éclats du réel" als ein Dokumentarfilmer gewesen, erklärt Gauthier.

Niney sieht dagegen einen direkteren Einfluss der Gründerväter auf spätere Dokumentarfilmer. So spiegeln die „images retournées" in Chris Markers Filmen *Si j'avais quatre dromadaires* (1966) und *Sans soleil* (1982) Vertovs Vorgehensweise deutlich wieder. Zudem führten Flahertys Einfügungen von gestellten Szenen (*re-enactments*), die sich von den historischen Ansichten von Lumière oder Pathé bereits deutlich unterschieden, den Dokumentarfilm in eine neue Richtung. Flahertys Art, eine natürliche Umgebung, wie sie einst war, nachzubilden und Eingeborene sich selbst spielen zu lassen („documentaire joué") finde man zum Beispiel in Filmen von Georges Rouquier (vgl.1.2.2.) oder Jean Rouch wieder. Darüber hinaus sei der Einfluss des *documentaire joué* auf die *Nouvelle Vague*, die die traditionelle (theatralische) Schaupielweise überwinden wollte, unübersehbar:

> „D'où la nécessité absolue pour le „cinéma nuevo" de se trouver de nouveaux acteurs: amis ou anonymes, amateurs ou débutants, susceptibles de figurer une relation beaucoup plus documentaire entre personne et personnage".[68]

---

[67] Guy Gauthier, *Le Documentaire – un autre Cinéma*, S.147.
[68] François Niney, *L'épreuve du réel à l'écran*, S.57f.

Zusammenfassend lässt sich sagen, dass die beiden Väter des Dokumentarfilms, im festen Glauben an die Unschuld des Blicks, das Reale jeder auf seine
Weise inszenierten und damit bis heute verschiedenste Richtungen beeinflus-
sen.

1.2.　Der Tonfilm sucht seine Sprache (1930 – 1960)
1.2.1.　Soziales Engagement und Propaganda

Die bereits Ende der zwanziger Jahre in ganz Europa aufkommende „Nouvelle Vague Documentaire" kündigte in der französischen Dokumentarfilmproduktion einen Neustart an, da sie eine Brücke zum Tonfilm schlug, konstatiert
Gauthier. Phillippe Esnault bezeichnet die Bewegung als „Pariser Schule des
französischen Dokumentarfilms" von 1927 (*Les Halles*, Boris Lehmann) bis 1933
(*À la Varenne*, Jean Dréville). Aus ihr gingen Filme hervor wie *Paris Cinéma*
(1929) von Pierre Chenal und *Eldorado du dimanche* (1930) von Marcel Carné.[69]
Daneben entstanden diverse Kurzfilme von später namhaft gewordenen Filmemachern: *Chartres* (1924) von Jean Gremillon, *La Tour* (1928) von René Clair, *La
Zone* (1928) von Georges Lacombe oder *À propos de Nice* (1930) von Jean Vigo.
Den Dokumentarfilmern dieser „Nouvelle Vague" ging es, neben der Suche nach
neuen Ausdrucksmöglichkeiten und im Unterschied zu den Bilderjägern vor ihnen, vor allem um ein sozial engagiertes Kino: „Dans toute l'Europe, de jeunes
cinéastes dénoncent l'accablante misère ouvrière ou paysanne".[70] In diesem Sinne verkündete Jean Vigo im Jahr 1930:

> „*À propos de Nice* revelait du documentaire social ou, plus exactement, du point de vue
> documenté [...] qui se distingue du documentaire tout court et des actualités de la se-
> maine par le point de vue qu'y défend l'auteur".[71]

Damit mache er deutlich, dass die Auseinandersetzung mit dem Realen das
Prinzip der dokumentarischen Aufnahme sei, erklärt Jean Breschand Vigos bekannt gewordenen Ausspruch. Was als eine willkürliche poetische Interpretation erscheinen mag (etwa die zufällige Assoziation kraftvoller Bilder), verliere in

---

[69] Philippe Esnault, zitiert nach Guy Gauthier, *Le Documentaire – un autre Cinéma*, S.147.
[70] Jean-Paul Colleyn, *Le regard documentaire*, S.35.
[71] Jean Vigo, zitiert nach Guy Gauthier, *Le Documentaire – un autre Cinéma*, S.48.

Wahrheit nichts von seinen politischen Absichten (im Fall von *À propos de Nice* die Gegenüberstellung von arm und reich). Im Gegenteil: „Cette Interpretation est le signe d'un regard assumé, l'empreinte de l'auteur signant son œuvre".[72] Vigos Ziel bestand darin, gemeinsam mit seinem Kameramann Boris Kaufman (einem der Brüder Dziga Vertovs), aus dem Leben gegriffene Szenen einzufangen und sie mit Hilfe der Montage zu interpretieren.[73] Seine Vorgehensweise ähnele der Vertovs, merkt Niney an. Wie letzterem, ging es auch Vigo um eine „prise de vue à l'improviste", die das Unsichtbare sichtbar macht – allerdings nicht mit Hilfe des Ciné-œil, sondern durch eine engagierte Sichtweise des Filmemachers. Jean-Paul Colleyn folgert daher:

> „En défendant le „point de vue documenté, en se faisant comprendre sans commentaire ni sous-titres, et en saisissant sur le vif les faits, les actions et les attitudes, il annonce déjà le cinéma-vérité et le cinéma direct des années soixante".[74]

Vigo und andere Anhänger der „Nouvelle Vague Documentaire" entwickelten so, in einer Zeit in der noch die Stummfilmästhetik herrschte, eine eigene Filmsprache.

Darüber hinaus entstanden in den dreißiger Jahren und bis zum Anbruch des *cinéma direct*, das mit der Entkolonialisierung zusammenfiel, weiterhin Kolonialfilme und exotische Reiseberichte. Viele dieser Filme sollten den „Einsatz westlicher Technologien in unterentwickelten oder unzugänglichen Regionen" dokumentieren, erklärt Charles Musser.[75] Hierzu gehört *La croisière jaune* (1934) von André Sauvage, „un film qui aurait pu être le manifeste d'un nouveau cinéma documentaire, associant images et son direct".[76] Sauvage, Autor einiger Kurzfilme (*Études sur Paris*, 1928), sollte im Auftrag der Automobilfirma Citroën ein Pendant zu Léon Poiriers *La croisière noire* von 1925 drehen. „Après la noire à travers L'Afrique, la jaune à travers l'Asie", bemerkt Gauthier spitz.

---

[72] Jean Breschand, *Le Documentaire – l'autre face du cinéma*, S.21.
[73] Um die Authentizität der Aufnahmen zu gewährleisten, wendeten Vigo und Kaufman Tricks an oder inszenierten Vorfälle und lenkten so die Aufmerksamkeit der gefilmten Personen. Auf diese Weise entstanden die Großaufnahmen der vom chinesischen Zauberer faszinierten Kinder in Vertovs *Der Mann mit der Kamera*.
[74] Jean-Paul Colleyn, *Le regard documentaire*, S.35.
[75] Charles Musser, *Die Erfahrung der Realität*, in: *Geschichte des internationalen Films*, Geoffrey Nowell-Smith (Hg.), 1998, S. 291.
[76] Guy Gauthier, *Le Documentaire – un autre Cinéma*, S.55.

Die überraschend neuartigen Bild- und Tonaufnahmen die Sauvage anfertigte, entsprachen jedoch nicht den werbewirksamen Vorstellungen von Citroën. Der Konzern ließ daher einen von Poirier geschriebenen kommentierenden Text hinzufügen, wodurch „ein großartiges Werk vernichtet, ein einzigartiges Dokument in eine kommerzielle und patriotische Show verwandelt" wurde, wie René Dumal in einem zeitgenössischen Artikel schrieb.[77]

Vernichtende Kritik an Reisefilmen wie *La croisière jaune* übte auch Louis Buñuel mit seinem französischen Film *Las Hurdes* (1932). Darin übernahm er „die Rolle des angeblich intellektuellen Kommentators, der in seiner Dokumentation über die „primitiven" Hurdanos eifrigst darum bemüht ist, seine kulturelle Überlegenheit herauszustellen", merkt Musser an.[78] Der Zuschauer werde auf diese Weise gezwungen, „das Gesehene aktiv zu analysieren und die Eindrücke und Fakten zu interpretieren", um „eine kritischere Haltung gegenüber anderen Dokumentarfilmen" dieser Art einzunehmen. *Las Hurdes* gehört außerdem zu denjenigen Filmen, „die ursprünglich im Rahmen eines Vortrags mit live eingespielter Musik aufgeführt worden waren" und denen nachträglich eine synchrone Tonspur hinzufügt wurde.

Der Bruch, der sich mit Aufkommen des Tons um 1930 beim Fiktionsfilm vollzog, zeigte sich im Dokumentarfilm erst dreißig Jahre später. Diesen unterschiedlichen Übergang zum Tonfilm bringt Niney auf die Formel: „Au moment où la fiction devient parlante, le documentaire devient parlé".[79] Der Grund für diese Entwicklung lag in der noch unhandlichen Technik, die Originaltonaufnahmen verhinderte. Zudem ließ sich das Nachsynchronisieren, wie es nun beim Fiktionsfilm üblich wurde, nicht gleichermaßen auf den Dokumentarfilm übertragen – sollte dieser sich doch durch Natürlichkeit und Spontaneität auszeichnen.[80] Was blieb, war der Kommentar:

---

[77] René Dumal, zitiert nach Guy Gauthier, *Le Documentaire – un autre Cinéma*, S.56.
[78] Charles Musser, *Die Erfahrung der Realität*, S. 291.
[79] François Niney, *L'épreuve du réel à l'écran*, S.93.
[80] Noch heute kann man nicht Synchronisieren ohne dass das Gesagte verfälscht erscheint, merkt Gauthier an. Daher lässt man bei Dialogen in einer Fremdsprache die Originalstimme im Hintergrund laufen oder, besser noch, man untertitelt. In jedem Fall aber muss die Übersetzung offensichtlich sein.

„Partout s'instaure le règne de la voix off couvrant le grand album d'images du monde. On pourrait ironiser sur le fait qu'on poursuit là une pratique du cinéma primitif: le bonimenteur qui commentait la projection dans la salle".[81]

Eine Erklärung für die rasche Ausbreitung des omnipotenten Kommentars sieht Niney in der Institutionalisierung des Dokumentarfilms in den dreißiger Jahren. Das künstlerisch-avantgardistische Experimentieren der zwanziger Jahre wich zusehends wirtschaftlichen und politischen Interessen. Nach und nach ließ das Herannahen des Krieges sozial engagierte Filme zu politischen werden, beschreibt Colleyn den Prozess und ergänzt:

> „En période de mobilisation générale, on admet plus facilement les films de propagande et on commence à distinguer *bonne* et mauvaise propagandes. Avec la guerre, l'intérêt pour le documentaire social – et même pour les actualités – se maintient difficilement".[82]

Charakteristisch für diese weltweite Entwicklung waren der Aufstieg Leni Riefenstahls und der Niedergang Dziga Vertovs. Während erstere mit Filmen wie *Triumph des Willens* (1934) erfolgreich eine „Ästhetisierung der Politik, nicht die Politisierung der Kunst" betrieb, um es in Walter Benjamins Worten auszudrücken,[83] so wurde Vertov, als „Formalist" verschrien, künftig am experimentellen und dokumentarischen Filmschaffen gehindert. Gauthier merkt an, dass André Sauvage, vom Kapitalismus zum Schweigen verdammt, ebenfalls aufgab. Buñuel ging zum Fiktionsfilm über und Jean Vigo verstarb noch im Jahr 1934 mit nur 29 Jahren an Tuberkulose. „Ainsi disparaissent quelques-uns de ceux qui auraient pu rénover le documentaire en ces années-charnière", konstatiert Gauthier daher und geht im folgenden nicht weiter auf die kurz vor oder während des Krieges entstandenen französischen Dokumentarfilme ein.[84]

Breschand und Niney übergehen ebenso diese Periode.[85] Mit der Begründung, die Betrachtung des Nachkriegsfilms sei „produktiver", wendet Niney sich direkt diesem zu, obwohl allein in der Zeit von 1939 bis 1945 über vierhundert

---

[81] François Niney, *L'épreuve du réel à l'écran*, S.69.
[82] Jean-Paul Colleyn, *Le regard documentaire*, S.39f.
[83] Walter Benjamin, *Das Kunstwerk im Zeitalter seiner technischen Reproduzierbarkeit*, S.467f.
[84] Guy Gauthier, *Le Documentaire – un autre Cinéma*, S.56.
[85] Die Dokumentarfilme der Vichy-Zeit scheinen insbesondere im französischsprachigen Raum bisher kaum aufgearbeitet worden zu sein. Eine nähere Untersuchung dieser Problematik würde jedoch den Rahmen der Arbeit sprengen.

nicht-fiktionale Filme in Frankreich entstanden, wie Richard Barsam feststellt. In seinem Werk *Non-Fiction Film. A critical history* erklärt er, dass hierzu Filme gehören „that observe everyday life (e.g. Georges Rouquier's *Le charron*), films of scientific observation (e.g., Jacques Cousteau's *Epaves*), and films about art, architecture, sports, country life, craftsmanship, and the historical past".[86] Die Mehrzahl dieser Kurzfilme sei in der Tat „not cited as having advanced the art of the nonfiction film in France". [87]

Der politische Film jener Zeit verdient jedoch durchaus Beachtung. „Er entwickelte sich zunächst nur langsam", so Musser, „aber Anfang 1936 kam der Durchbruch mit *La vie est à nous* (1936), einem Wahlkampf-Film für die Kommunistische Partei Frankreichs".[88] Dieser Film entstand unter der Leitung von Jean Renoir in Zusammenarbeit mit einem Kollektiv von Filmemachern, zu dem unter anderem Jean-Paul Chanois, Pierre Unik und Jacques Becker gehörten. In *La vie est à nous* kombinierten sie Archivaufnahmen und anderes nichtfiktionales Bildmaterial mit rekonstruierten Inszenierungen auf eine Weise, „die sich nicht präzise in die Parameter des Dokumentarfilms dieser Zeit" einfügt, betont Musser. „Le film est à la fois un documentaire, un montage de bandes d'actualités et une suite de sketches. Jean Renoir et son équipe ont dosé les divers éléments avec justesse et tact", beschreibt François Truffaut die ungewöhnliche synkretistische Form des Films.[89] Von der Zensur verboten, konnte er damals nur in kostenlosen Privatvorführungen gezeigt werden.

Nach seiner Fertigstellung gründete die Gruppe um Renoir eine unabhängige Produktionsfirma: *Ciné-Liberté.* „Sie stand der Volksfront nahe, die im April desselben Jahres die Wahlen in Frankreich gewann", erklärt Musser und ergänzt: „Eine der ersten Ciné-Liberté Filme war *Grèves d'occupation* (1936, ‚Streik und Besetzung'), der die erfolgreichen Arbeiterkämpfe in den ersten Wochen nach Antritt der neuen Regierung dokumentierte".[90] In der Folge bildeten sich weitere Filmproduktionsfirmen, die ihrem Beispiel nachkamen.

---

[86] Richard Barsam, *Non-Fiction Film*, 1992, S.212.
[87] Ebenda.
[88] Charles Musser, *Die Erfahrung der Realität*, S. 296.
[89] François Truffaut, in: www.doriane-films.com/pages/vhs_classique/lavie.htm
[90] Charles Musser, *Die Erfahrung der Realität*, S. 296.

1.2.2. Vom Widerstand zum poetischen Realismus

„Il est difficile d'imaginer pire situation que celle du documentaire en France, avant 1940", bemerkt Roger Odin und führt aus:

> „non seulement il ne bénéficie d'aucune aide de la part de l'État, mais il ne peut pratiquement pas être distribué en salle en raison du système du double programme (une séance se compose alors de deux longs métrages)".[91]

Erst die Gründung des „Comité d'Organisation des Industrie Cinématographiques" (C.O.I.C.) unter der Vichy-Regierung sicherte dem Dokumentarfilm einen eigenen Status zu.[92] Noch im Jahr 1940 wurde das Doppelprogramm in eine neue Vorführung, bestehend aus einem langen Fiktionsfilm und einem kurzen Dokumentarfilm, geändert.[93] Ferner förderte die Vichy-Regierung die Produktion von Dokumentarfilmen „non pas comme en Allemagne à des fins directes de propagande" betont Colleyn, „mais dans un but „éducatif", en célébrant le terroir, les traditions, la famille et les métiers".[94] Barsam sieht in diesen Filmen Propagandafilme „favorable to Pétain, the „national revolution," and Germany, as well as films unfavorable to prewar government, the Resistance, Jews, Allies and Communists".[95]

Die Besetzung Frankreichs ab 1940 hatte außerdem zur Folge, dass die Dokumentarfilmproduktion sich in zwei Lager unterteilte. Neben den Filmen der Vichy-Regierung einerseits, stellte die Widerstandsbewegung andererseits heimlich dokumentarisches Bildmaterial her, welches jedoch erst nach dem Krieg zu ganzen Filmen kompiliert werden konnte.[96] Mit den während des Krieges gedrehten Aufnahmen von Jean Painlevé, Jean Grémillon, Louis Daquin, Pi-

---

[91] Roger Odin, *L'âge d'or du documentaire*, S.19.

[92] 1946 wird das C.O.I.C. durch das C.N.C. (Centre National de la Cinématographie) ersetzt, das bis heute für die Reglementierung des Berufsfeldes Film, von der Produktion über den Verleih bis zum Vertrieb, zuständig ist.

[93] Dieses Konzept hatte zur Folge, dass der Terminus „Kurzfilm" lange Zeit mit „Dokumentarfilm" gleichgesetzt wurde. (Vgl. hierzu auch Gauthier, *Le Documentaire – un autre Cinéma*, S.38.)

[94] Jean-Paul Colleyn, *Le regard documentaire*, S.42.

[95] Richard Barsam, *Non-Fiction Film*, S.212.

[96] Von den Untergrundaktivitäten der Widerstandsbewegung berichten mit ihnen sympathisierende Länder in Filmen wie Alberto Cavalcantis *Trois chansons de resistance* (1943). (Vgl. hierzu Richard Barsam, *Non-Fiction Film*, S.212f.)

erre Blanchar und anderen mehr, entstand auf diese Weise 1945 *Le journal de la résistance*, „an exceptionally moving film", wie Barsam anmerkt.

Der erfolgreichste und bekannteste Film dieser Art sei aber René Cléments *La bataille du rail* (1946) über französische Gleisarbeiter die dem Widerstand angehörten. In ihrem Aufsatz *Spuren, Dokumente, Monumente* weist Sylvie Lindeperg darauf hin, dass *La bataille du rail* eine „stilistische und erzählerische Uneinheitlichkeit" aufweist, die sich vor allem „in einer allmählichen Verschiebung der Montageideologie äußert, in der Ablösung der Off-Stimme durch Dialoge, in der Diversifizierung der Figuren, die mit einer Überführung des Dokumentarischen ins Fiktionale einhergeht, und in der Verschiebung der Position, die dem Betrachter zugewiesen wird".[97] Den Grund hierfür sieht Lindeperg in der Vielzahl der Auftraggeber und Finanziers die mit unterschiedlichen politischen Strategien den Film erst ermöglichten:

> „Ursprünglich von einer kommunistischen Gruppe der Résistance als dokumentarischer Kurzfilm initiiert, der die Arbeiterklasse hochhalten sollte, geht *La bataille du rail* von einer Klassenlogik in eine Unternehmenslogik über und wandelt sich schließlich in eine Schulterschluss-Fiktion, die den Mythos von einer rundum im Kampf gegen die Besatzungsmacht engagierten SNCF durchsetzen sollte".[98]

Im Rahmen des „Kinos der Befreiung" brachte René Clément mit diesem Film einen „durch die Erfahrung des Krieges und der Lager geprägten „realistischen" Stil" hervor.

Nach dem Krieg keimte der Wunsch, über soziale Missstände zu berichten, unter einem anderen Blickwinkel wieder auf. Gauthier spricht von der Richtung des „poetischen Realismus" im französischen Dokumentarfilm, der sich „à travers la photographie de Robèrt Doisneau et la poésie de Jacques Prévert" definiere.[99] Besonders anschaulich sei dies in dem Film *Aubervilliers* (1945), in welchem Eli Lotar Bilder vom Elend einer Pariser Vorstadt mit einem Text von Prévert kombiniert. Mit *Farrebique, ou Les Quatre Saisons* (1946) hätte sich aber Georges Rouquier „au sommet d'un courant réaliste nourri par une inspiration

---

[97] Sylvie Lindeperg, *Spuren, Dokumente, Monumente. Filmische Verwendungen von Geschichte. Historische Verwendungen des Films,* in: Eva Hohenberger und Judith Keilbach (Hg.), DFI, Texte zum Dokumentarfilm, Band 9, 2000, S. 66.
[98] Ebenda, S.66f.
[99] Guy Gauthier, *Le Documentaire – un autre Cinéma*, S.66.

poétique" gehisst, erklärt Colleyn.[100] Bereits während der Besatzungszeit hatte Rouquier mit Kurzfilmen wie *Le charon* (1943) und *Le tonnelier* (1945) „a reputation for sensitive observation in the Flaherty mode" entwickelt, konstatiert Barsam.[101]

In *Farrebique* zeichnet Rouquier ein Jahr im Leben einer Bauernfamilie in einem kleinen Dorf im Département Aveyron nach. Dazu ließ er, wie Flaherty, die Bewohner sich selbst spielen.[102] Doch im Gegensatz zu letzterem legte Rouquier großen Wert auf Dialoge, erklärt Gauthier, „et comme il a tenu à en contrôler la sobriété, il a écrit préalablement le scénario".[103] Die Texte des Drehbuchs blieben sehr nah an den täglichen Gesprächen der Bauernfamilie über ihre Alltagssorgen: „ils en étaient les auteurs, gagnant en efficacité ce qu'ils perdaient en spontanéité".[104] André Bazin ergänzt, dass die Hälfte der Dialoge nachträglich mit einer Off-Stimme hinzugefügt werden musste, „parce qu'il [Rouquier] ne parvenait pas à empêcher les paysans de rire pendant une réplique un peu longue".[105] Tatsächlich erscheinen die Dialoge oft so weitschweifig, dass Gauthier sich zurecht an die Kontroversen zum Sprachgebrauch im Frankreich des 16./17. Jahrhunderts erinnert fühlt:

> „Il y a dans ce film rude une retenue qui rappelle celle que le classicisme à la française oppose à la parole prolixe et au débordement de la conversation libre, un peu comme si Malherbe, par delà les siècles, continuait à contenir Rabelais".[106]

Wenn die Lebensumstände es erforderten (zum Beispiel bei der Geburt eines Babys), glich Rouquier außerdem das Drehbuch der Situation an. Darin sieht Gauthier eine generelle Tendenz des Dokumentarfilms, dem Lauf des Lebens mit seinen Höhen und Tiefen folgen zu wollen. Ebenso verhält es sich in Rouquiers Film mit der Narration, stellt wiederum Bazin fest:

---

[100] Jean-Paul Colleyn, *Le regard documentaire*, S.42.
[101] Richard Barsam, *Non-Fiction Film*, S.214.
[102] In dieser Zeit entwickelte sich die semidokumentarische Arbeit mit Außenaufnahmen und Laiendarstellern auch im italienischen Neorealismus.(Vgl. hierzu Bazins Gegenüberstellung von Viscontis *La terra trema* (1948) und *Farrebique* in: André Bazin, *Qu'est-ce que le cinéma ?*, S.290.)
[103] Guy Gauthier, *Le Documentaire – un autre Cinéma*, S.193.
[104] Ebenda.
[105] André Bazin, *Qu'est-ce que le cinéma ?*, S.304.
[106] Guy Gauthier, *Le Documentaire – un autre Cinéma*, S.193.

„Farrebique, renonce volontairement aux séductions dramatiques: l'histoire se déroule indifférente aux règles du suspense; pas d'autres ressoures que de s'intéresser aux choses elles-mêmes, comme dans la vie".[107]

Rouquier habe sich bewusst einer „matière première naturelle" bedient, das heißt, er drehte unter natürlichen Bedingungen an Originalschauplätzen.[108] Dies mache *Farrebique* einerseits zu einem „document authentique", andererseits habe sich Rouquier dadurch um technisch perfektere Aufnahmen gebracht. Genau andersherum verhält es sich in Orson Welles Film *Citizen Kane* (1941), erklärt Bazin. Hier werde auf die „réalité brute" zu Gunsten einer komplexen Studiotechnik verzichtet. Da beide Filme in den Augen Bazins aber einer realistischen Richtung angehören (vgl.2.1.2.), sieht er in *Farrebique* das Gegenstück zu *Citizen Kane* und folgert: „Il faudra toujours sacrifier quelque chose de la réalité à la réalité".[109]

Darüber hinaus löste *Farrebique* aufgrund seiner Thematik eine Debatte zur Situation der Bauern aus, verstärkt durch die noch frische Erinnerung an die „retour à la terre"-Politik der Vichy-Regierung. Der im Film dargestellte Bauernhof grub sich, sogar bei denjenigen die ihn nicht gesehen hatten, als ein Symbol „de la France profonde" ins kollektive Gedächtnis der Bevölkerung ein. Wenn *Farrebique* auch dem poetischen Realismus zugeordnet werden kann, so sei der Film dennoch alles andere als idyllisch, betont Gauthier. Unterschwellig berichte Rouquier darin nämlich vom bevorstehenden großen Wandel in der Landwirtschaft. Fast vierzig Jahre später kann er diese Veränderung die er hatte kommen sehen, schließlich in einem anderen Film zum Ausdruck bringen: 1983 realisiert Rouquier den Film *Biquefarre*, „qui éclaire rétrospectivement *Farrebique*: l'inversion d'elle-même explicite le propos".[110] Breschand merkt an, dass beide Filme auf einem für äußere Einflüsse offenen Drehbuch basieren und folgert daher:

„Si le réel est bien ce qui informe la fiction, celle-ci donne forme à l'imaginaire des habitants du petit village de l'Aveyron. Ce ne sont pas seulement les temps qui changent, ce sont les imaginaires qui se transforment".[111]

---

[107] André Bazin, *Qu'est-ce que le cinéma ?*, S.287.
[108] In einige Fällen wurde Licht gesetzt. (Vgl. hierzu Guy Gauthier, *Le Documentaire – un autre Cinéma*, S.159.)
[109] André Bazin, *Qu'est-ce que le cinéma ?*, S.273.
[110] Guy Gauthier, *Le Documentaire – un autre Cinéma*, S.158.
[111] Jean Breschand, *Le Documentaire – l'autre face du cinéma*, S.41.

1.2.3 Jean Rouch: der anthropologische Blick

„In der Nachkriegszeit begann eine neue Ära ethnographischen Filmschaffens als sich akademisch-ausgebildete Anthropologen dem Dokumentarfilm zuwandten", erklärt Musser.[112] Hierzu gehört Jean Rouch. In den späten vierziger Jahren begann er, ethnographische Filme in Westafrika zu drehen, die ihn bald schon zum bedeutendsten Dokumentarfilmer in diesem Bereich machten. Nachdem er fast zehn Jahre lang das Land bereist und einige Kurzfilme gedreht hatte, ergab sich 1953 für Rouch die Möglichkeit in Accra (der Hauptstadt Ghanas), eine religiöse Zeremonie „à base de rites de possession" der Hauka Sekte zu filmen.

Bereits durch seine Reisen bekannt, fand Rouch ideale Drehbedingungen vor. Er war in das Geschehen integriert, wurde von den „Besessenen" akzeptiert und schnell vergessen – zumal sie sich in einem kollektiven Trancezustand befanden. Bei den Besessenen die Rouch auf einem Stück Land außerhalb der Stadt filmte, handelte es sich um nigerianische Emigranten, die handwerklichen Berufen nachgingen. Nach einer rituellen Begrüßungszeremonie schlüpfen sie in die Rollen ihrer Kolonialherren (etwa Gouverneur, General oder Arzt), stellt Niney fest und ergänzt:

> „tous, après moult pantomimes, ordres, contre-ordres et „tables rondes" (inspirées du véritable protocole colonial dont trois plans d'archives nous montrent la „réalité") finiront par bouffer un chien, „enragés", transgression à valeur d'exocisme".[113]

Das Schauspiel diene den Nigerianern als Befreiung von ihrer kolonisierten Situation. Neben dieser offensichtlich kathartischen Funktion, soll die „terrible mimésis de la violence coloniale", dem Zuschauer aber eine umgekehrte Wahrheit vor Augen führen, erklärt Niney: „ce sont les maîtres qui sont fous „quelque part"".[114]

Doch als Rouch die ersten Aufnahmen kombiniert mit einem improvisierten Kommentar Freunden, Afrikanern und Anthropologen, zeigte, forderten sie ihn auf, das Material zu zerstören, da es ein wildes, barbarisches Afrika darstellte,

---

[112] Charles Musser, *Die Erfahrung der Realität*, S. 300.
[113] François Niney, *L'épreuve du réel à l'écran*, S.62. Einer Anekdote zu Folge soll Claude Chabrol gefragt haben, wie Rouch hier die Schauspielführung gelungen sei – „C'est l'un des sommets du malentendu documentaire-fiction", kommentiert Gauthier den Vorfall. (Guy Gauthier, *Le Documentaire – un autre Cinéma*, S.197)
[114] François Niney, *L'épreuve du réel à l'écran*, S.62

„jusitfiant le mépris et le racisme des colonisateurs". Rouch, der wusste, dass die Bilder nicht die Wahrheit der Zeremonie vermittelten, widerstand und fügte statt dessen Aufnahmen ‚vom Tag danach' hinzu, an dem die zuvor Besessenen wieder ihren alltäglichen Beschäftigungen nachgingen. Zusätzlich zu den neuen Aufnahmen änderte er den Kommentar, eine didaktische Off-Stimme, in eine Radiosprecher- oder Erzählerstimme die sich direkt an das Publikum wendete:

> „le commentaire se déplace, il se fait plus précis, plus détaillé, plus empathique, il abandonne l'explication „géographie humaine" vue d'avion, pour entrer dans la description de plain-pied".[115]

Die neuen Aufnahmen, eine veränderte Montage, sowie die Umgestaltung des Kommentars ließen das Ereignis unter einem anderen Blickwinkel erscheinen und ergaben schließlich die endgültige Fassung des Films *Les maîtres fous* (1954). Über vierzig Jahre später wurde der Film auf dem Fernsehsender *Arte* im Rahmen des Themenabends „Vampire" gezeigt. Die provokante Platzierung rief den Schock den der Film seinerzeit ausgelöst hatte wieder hervor und regte eine Diskussion der ursprünglichen Frage an, das heißt, wer sind die Vampire? Die nigerianischen Darsteller oder die Kolonialherren die sie nachahmen? *Les maîtres fous* illustriere beispielhaft, so Niney, dass der Sinn eines Films nicht schon am Bildrand oder bei Wahl der Motive (während der Montage) aufhört.[116] Eine Dialektik zwischen Filmendem und Gefilmten sei stets mit eingeschlossen, je nach dem in *welchem* kulturellen Kontext ein Film gezeigt wird und *welchen* er selbst zeigt.

Les maîtres fous gehört noch nicht dem *cinéma vérité* an, tendiert aber durchaus in diese Richtung. Gauthier bemerkt daher:

> „Si le cinéma veut approcher cette fameuse vérité sur le plan documentaire, il lui faut allier le „pris sur le vif" [...] et l'analyse qui suppose le recul et une bonne connaissance du contexte. Il reste à donner la parole aux personnages, qui ont leur mot à dire".[117]

Mit dem Film *Moi un Noir* (1958) tut Rouch einen weiteren Schritt in Richtung *cinéma vérité*, denn er läßt darin die Protagonisten zu Wort kommen: „La nouveauté est qu'une des personnes filmées s'introduit dans le film par le com-

---

[115] Ebenda, S.63.
[116] Ebenda, S.62.
[117] Guy Gauthier, *Le documentaire passe au direct*, S.39.

mentaire, qui n'est plus dévolu au seul cinéaste omniscient".[118] Wie bereits in *Les maîtres fous*, geht es auch hier um Auswanderer des eigenen Kontinents. Der Unterschied besteht jedoch darin, dass die hier aus Niger stammenden jungen Leute, die an der Elfenbeinküste Arbeit suchen, Namen ihrer amerikanischen Filmhelden (etwa Tarzan) annehmen. *Moi un Noir* befinde sich dadurch „à mi-chemin du romanesque et du documentaire", da sich die Geschichten zwar vor afrikanischem Hintergrund, aber auf die jeweiligen fiktiven Figuren zugeschnitten, abspielen. Der, nach der klassischen Einteilung in Fiktions- und Dokumentarfilm, nicht einzuordnende Film stellt einen Bruch im französischen Kino dar. Trotzdem kommt er ebenfalls dem *cinéma vérité* nahe.[119] Was aber allen frühen Filmen von Rouch noch fehlt, ist der lippensynchrone Ton zum Bild. Dies sei unerlässlich, „pour restituer ces moments de vie que la reconstitution affadit et prive de sa „vérité"", erklärt Gauthier.[120] Technisch gesehen gab es die Möglichkeit des direkten Tons zwar schon, doch die schwere Ausrüstung ermöglichte lippensynchrone Aufnahmen nach wie vor nur im Studio. Rouch konnte den direkten Ton in den fünfziger Jahren also noch nicht nutzen, kam ihm aber durch seine Vorgehensweise entgegen und trieb dessen Optimierung voran.

---

[118] Ebenda, S.40.

[119] Die Eigenschaften des *cinéma vérité* werden allzu oft dem technischen Fortschritt zugeschrieben, merkt Gauthier an. Rouch mache deutlich, „comment une exigence esthétique peut se trouver au rendez-vous d'une innovation technique", was Gauthier zu der rhetorischen Frage verleitet: „Combien de découvertes sont restées inutilisées faute de rencontrer celui ou ceux qui les attendaient plus ou moins consciemment ?" (Guy Gauthier, *Le documentaire passe au direct*, S.37.).

[120] Guy Gauthier, *Le documentaire passe au direct*, S.40.

1.2.4. Die goldene Ära und *Le Groupe des Trente*

Die fünfziger Jahre bezeichnet Roger Odin als goldene Ära des Dokumentarfilms in ganz Europa. Obwohl die Gründe von Land zu Land variierten, so ist der wesentliche gemeinsame Faktor hierfür die Nachkriegssituation gewesen. In erster Linie erwies sich die schlechte ökonomische Lage als besonders förderlich für die fast nur aus Dokumentarfilmen bestehende Kurzfilmproduktion. Viele junge Filmemacher begannen daher, um überhaupt Filme produzieren zu können, sich dem Dokumentarfilm zuzuwenden. Außerdem konnten sie zu jener Zeit keinesfalls den Status eines Regisseurs erlangen, ohne durch die „Schule des Kurzfilms" gegangen zu sein, merkt Gérard Leblanc in seinem Aufsatz *La réalité en question* an:

> „Le cinéaste apprenait le cinéma dans un rapport de type documentaire au réel, ce qui n'allait pas sans laisser de traces sur sa conception de la fiction".[121]

Die Filmemacher wendeten sich aber nicht bloß vorübergehend dem Dokumentarfilm zu, betont er, sondern nutzten die lehrreichen Jahre, um, zumindest in einigen Fällen, „wahre Meisterwerke" zu vollbringen.[122]

Die Mehrzahl der Nachkriegsfilme waren Auftragsarbeiten. Diese Tatsache sei nicht unbedingt negativ aufzufassen, erklärt Odin, im Gegenteil: „la commande, quand elle est assumée par un authentique auteur, peut être un réel facteur de qualité".[123] Leblanc sieht darin sogar einen Vorteil für den Filmemacher, weil die Auftragsarbeit es ihm erlaube, „de découper des sujets possibles dans une réalité proliférante".[124] Der Filmemacher würde sich auf das Wesentliche konzentrieren, die Einschränkungen seine Kreativität sogar anregen und, was

---

[121] Gérard Leblanc, *La réalité en question*, in : *CinémAction*, Nr.41, 1981, S.39.
[122] An diesem Punkt setzt eine generelle Kritik von Noël Burch an. In dem 1959 entstandenen Aufsatz *Four French documentaries*, von dem sich Burch im nachhinein distanzierte, kritisiert er das Vorgehen französischer Regisseure. Diejenigen die später zum Fiktionsfilm übergingen würden dem Dokumentarfilm keinen eigenen Status zugestehen und ihn lediglich als Sprungbrett benutzen, argumentiert Burch. Seine These der „typisch französischen Haltung gegenüber dem Dokumentarfilm", erweist sich aber schon deshalb als nicht haltbar, da sich gerade die Regisseure der nennt, etwa Agnès Varda und Louis Malle, während ihrer gesamten Laufbahn immer wieder dem Dokumentarfilm zuwenden. (Vgl. Noël Burch, *Four French documentaries*, in: Lewis Jacobs, *The Documentary Tradition*, 1979, S.318ff)
[123] Roger Odin, *L'âge d'or du cinéma documentaire*, S.29.
[124] Gérard Leblanc, zitiert nach Roger Odin, *L'âge d'or du cinéma documentaire*, S.30.

man nicht vergesse dürfe: „la commande ne s'est jamais opposée au plus grand art".[125]

So sei das schönste Gemälde des 15. Jahrhunderts aus einem Auftrag hervorgegangen. Über die Dokumentarfilme der fünfziger Jahre lässt sich ähnliches sagen, zumal deren Aufträge nicht nur von Unternehmen ausgingen, sondern auch von der Regierung, die einerseits danach strebte, das Nationalbewusstsein mit Hilfe des Kinos zu stärken und andererseits Kultur und Erziehung fördern wollte. Neben ökonomischen Gründen erwiesen sich also auch politische und kulturelle als förderlich für den Dokumentarfilm der Nachkriegszeit. Eine generelle, ernsthafte Auseinandersetzung mit dem Kino hatte außerdem zur Folge, dass grundlegende Werke zur Geschichte, Philosophie und Kunst des Films entstanden.[126] Darüber hinaus wurde im Jahr 1951 die Zeitschrift *Cahiers du Cinéma* gegründet, es bildeten sich sogenannte „Ciné-Clubs" und schließlich fand der Film sogar Eingang an den Universitäten: „C'est dans ce grand mouvement éducatif et humaniste que s'inscrit le développement de la production documentaire des années 50".[127]

Das Anliegen der jungen Filmemacher, Kino neu zu erfinden, angefangen beim Dokumentarfilm, machte insbesondere Alain Resnais deutlich. Der Filmkritiker Serge Daney vergleicht ihn mit einem Seismographen, der das „Gründungsereignis der Moderne" aufgespürt habe, nach welchem im Kino wie in anderen Bereichen von nun an „mit einer Person mehr gerechnet werden müsse":

„l'espèce humaine. Or, ce personnage venait d'être nié (les camps de concentration), atomisé (la bombe), diminué (la torture), et le cinéma traditionnel était bien incapable de „rendre" cela. Il fallait trouver une forme".[128]

Jener Formsuche, sowie der Frage nach der Repräsentation des Menschen, widmete sich ein Zusammenschluss junger Filmemacher, dem Resnais angehörte: *Le Groupe des trente*. Gegründet hatte sich die Gruppe als Reaktion auf die drohende Abschaffung der Vorführung von Dokumentarfilmen vor Hauptfilmen. Bei der Unterzeichnung ihres Manifests am 20. Dezember 1953 gehörten ihr be-

---

[125] Ebenda.
[126] Gilbert Cohen-Séat veröffentlichte seinen *Essai sur les principes d'une philosophie du cinéma*, Marcel l'Herbier das Werk *Intelligence du cinématographe*, Georges Sadoul den ersten Band von *Histoire du cinéma* und André Bazin einige seiner brillantesten Aufsätze.
[127] Roger Odin, *L'âge d'or du cinéma documentaire*, S.14.
[128] Serge Daney, zitiert nach, François Niney, *L'épreuve du réel à l'écran*, S.96.

reits über vierzig Mitglieder an und es wurden rasch über hundert. Neben Resnais zählten unter anderem Alexandre Astruc, Jacques Demy, Georges Franju, Pierre Kast, Chris Marker, Jean Mitry, Jean Painlevé, Georges Rouquier und Agnès Varda dazu.

Sie alle betonten in einem Manifest die Qualität des französischen Dokumentarfilms, der sich „par son style, par sa tenue, par l'ambition de ses sujets" auszeichne und wiesen auf die Dringlichkeit hin, Maßnahmen zu ergreifen, um diese Filme zu schützen und zu fördern. 1956 formulierte die Gruppe ein Programm, welches, neben der Vorführung von Dokumentarfilmen, auch deren Bekanntmachung in Kinosälen und Zeitungen sicherte. Die Diskussionen und institutionellen Maßnahmen, die *Le Groupe des trente* damit anregte, erreichten ein großes Publikum und wirkten sich positiv auf die gesamte französische Filmlandschaft aus.[129] Den Weg für die *Nouvelle Vague* bereitete die Gruppe aber nicht, betont Odin. Sie stelle vielmehr einen der raren Momente in der französischen Filmgeschichte dar, „où un Groupe s'est réellement constitué autour d'un projet, [...] formulé dans la *Déclaration* et manifesté dans les films".[130]

In ihrem Manifest erklärte die Gruppe weiter, der Film sei „un incomparable instrument de culture, un moyen essentiel d'enseignement et de connaissance". Dieser an sich nicht neue Gedanke stand im Zentrum ihres Wirkens und daher setzt sich auch eine beeindruckende Anzahl der Filme, die in ihrem Namen entstanden, mit Kunst, Kultur und Wissenschaft auseinander.[131] Wichtiger noch als die Quantität der Filme, sei aber die Art und Weise wie die Themen darin angegangen werden, merkt Odin an: „outre une approche respectueuse, sérieuse et documentée des sujets traités, le point le plus remarquable est sans doute l'insistance sur l'individu".[132] Dass der Mensch im Mittelpunkt der Filme stand, davon zeugen bereits die Titel, die sich häufig aus den Namen der dargestellten Künstler oder Wissenschaftler zusammensetzen. Auf der Ebene der Narration

---

[129] Frankreich wurde in den fünfziger Jahren zu einem der „leaders de la production de films documentaires en Europe, comme le prouvent ses résultats dans les palmarès des principaux festivals internationaux", erklärt Odin.

[130] Roger Odin, *L'âge d'or du cinéma documentaire*, S.50f.

[131] Hierzu zählen u. a. *Hommage à Albert Einstein* von Jean Lods (1955), *Gauguin* und *Guernica* (beide 1950) von Resnais sowie *Chopin* (1958) von Jean Mitry, *Le Corbusier, l'architecte du bonheur* (1956) von Pierre Kast oder *Emile Zola* (1955) von Jean Vidal. (Vgl. hierzu Roger Odin, *L'âge d'or du cinéma documentaire*, S.30f.)

[132] Roger Odin, *L'âge d'or du cinéma documentaire*, S.32.

verhält es sich ebenso. Die Filme *Monsieur et Madame Curie* (1953) und *Le Grand Méliès* (1953) von Georges Franju, dem „uncontested master of postwar French documentary" (Burch 1979), illustrieren dies. Beide Filme führen Menschen vor, die großartiges in ihrem Leben geleistet haben. Doch statt näher auf die vollbrachten Taten einzugehen, konzentrieren sie sich auf die Darstellung der Personen. So endet *Monsieur et Madame Curie* nicht etwa, wie zu erwarten wäre, mit der Darstellung der öffentlichen Anerkennung der Leistung der beiden Forscher, sondern mit einer Nahaufnahme auf Marie Curies entsetztes Gesicht, als diese vom bevorstehenden Tod ihres Mannes erfährt. *Le Grand Méliès* endet ebenfalls auf der Figur des Méliès, wie er, von aller Welt vergessen, einsam und verarmt sein Lebensende verbringt.[133]

Franjus Filme zeichnen sich aber nicht nur dadurch aus, dass sie den Menschen in den Vordergrund stellen. Sie bringen auch stets das zum Vorschein, was üblicherweise im Hintergrund geblieben oder gar nicht erst gezeigt worden wäre. Niney bezeichnet dies als Sichtbarmachung von Unsichtbarem, „au sens matérialiste de ce qu'on ne sait pas ou ne veut pas voir dans le réel présent".[134] So zeigen Franjus frühere Auftragsarbeiten *Le Sang des bêtes* (1948) und *Hôtel des Invalides* (1951) zum einen schockierende neue Bilder (einen Schlachthof), zum anderen ermöglichen sie eine neue Lesart altbekannter Bilder (das Kriegsmuseum). „Loin de se détourner des plaies", erklärt Niney, „Franju plonge dans leur béance invisible un regard clinique qui dénude le nôtre et le laisse sans protection".[135] Im Gegensatz zu den historischen und vergeistigten Filmen von Alain Resnais und Chris Marker wirken die Filme von Franju traditioneller und didaktischer.

Die Filme der *Groupe des trente* verfolgten oftmals das Ziel, soziale Realitäten wie schwierige Lebensumstände oder gesellschaftliche Probleme, mit einem eher positiven Grundton darzustellen, bemerkt Odin:

---

[133] Einen großen Eindruck von Authentizität vermitteln die Filme durch ihre Form des Zeugenberichts, ergänzt Odin. So basiert der Kommentar des ersten Films auf Auszügen der von seiner Frau geschriebenen Biographie von Pierre Curie und im zweiten übernimmt André Méliès die Rolle seines Vaters während Marie-Georges Méliès den Kommentar spricht.
[134] François Niney, *L'épreuve du réel à l'écran*, S.107.
[135] Ebenda. Vgl. hierzu auch: Gérard Leblanc, *Georges Franju, une ésthétique de la déstabilisation*, Éditions Maison de la Villette et Créaphis 1992.

„le travail y est valorisé par une description précise du savoir-faire et des qualités humaines qu'il implique, le progrès technique et la recherche scientifique y sont présen-
tés comme des facteurs devant assurer un futur meilleur et l'on y fait confiance à
l'homme et à ses capacités de solidarité".[136]

Filme wie *Mines du Nord* (1953) und *La grande pêche* (1954) von Henri Fabiani oder *Le mystère de l'Atelier 15* (1957), eine der Koproduktionen von Resnais
und Marker, machen dieses Anliegen deutlich. So thematisiert etwa *Le mystère
de l'Atelier 15* in geradezu idealistischer Weise die Notwendigkeit medizinischer
Vorsorgemaßnahmen bei Fabrikarbeitern. Darüber hinaus werde der Zuschauer
in diesem Film über eine von drei „Kommunikationsstrategien", die den Dokumentarfilm der fünfziger Jahre auszeichnen, in die Fabrikarbeiterwelt eingeführt, erklärt Odin.[137] Dies geschehe zum einen durch die Montage der Bilder,
die den Zuschauer vergessen lassen, dass der Film aus einer Anordnung von
Einzeleinstellungen besteht. Zum anderen erfahre er auf der Tonebene die Geschichte eines erkrankten Fabrikarbeiters und den Weg seiner Genesung in
Form einer Erzählung und nicht eines Berichts. „Cette histoire", betont Odin, „le
film ne se contente pas de nous la raconter, il cherche à nous la faire vivre".[138]

Eine ausführliche Analyse von *Le mystère de l'Atelier 15* lässt ihn zu der Ansicht gelangen, dass der Film, obwohl er eindeutig eine dokumentarische Funktion hat, alle Kriterien eines Fiktionsfilmes aufweist: „diégètisation, narrativisa-
tion, mise en phase, contrat de lecture fictivisant". Diese Tatsache wiederum verleitet Odin zu der These, dass jede Fiktion als Erzählung einen Diskurs über das
Reale vermittle: entweder implizit durch genannte Werte oder explizit, wie es
hier der Fall ist. Dadurch, dass der Arzt den Vorfall im *Atelier 15* (in der ersten
Person) erzählt, wird der Diskurs über medizinische Vorsorgemaßnahmen in
die Narration eingebettet.[139]

Wäre *Le mystère de l'Atelier 15* ein Dokumentarfilm, ergänzt Odin, würde er
ein bestimmtes Ereignis, das in einem bestimmten Moment, in einer bestimmten
Fabrik geschehen ist, zeigen. Hier aber befreie die Fiktionalisierung die Ge-

---

[136] Roger Odin, *L'âge d'or du cinéma documentaire*, S.33.
[137] Odin spricht von „modes communicationnels" oder „stratégie de communication", womit
er insbesondere auf die Beziehung Zuschauer – Film/Filmender abzielt.
[138] Roger Odin, *L'âge d'or du cinéma documentaire*, S.43.
[139] Odin verweist in diesem Zusammenhang auf eine These von Anne Benjamin, die besagt,
dass es immer mindestens eine Realitätsebene in der Fiktion gibt, nämlich die der Werte. (Vgl.
hierzu Roger Odin, *L'âge d'or du cinéma documentaire*, S.44)

schichte von ihrer zeitlich-räumlichen Verankerung, um die Situation (den Einsatz präventiver Medizin in der Arbeiterwelt) exemplarisch erscheinen zu lassen.[140] „Ainsi", folgert Odin, „c'est grâce à la fictionnalisation que le film peut donner à son discours documentarisant sa portée dans le réel et son efficacité".[141] Diese „Kommunikationsstrategie durch Fiktionalisierung" sei nicht nur eine der Hauptlösungen des Dokumentarfilms der fünfziger Jahre, sondern des Dokumentarfilms überhaupt, „pour tenter de conjurer la malédiction qui frappe dans sa relation au spectateur".[142]

Die zweite Kommunikationsstrategie die Odin ausmacht, sei darüber hinaus vielmehr eine Strategie der Miteinbeziehung, da es um die Bewusstseinsbildung beim Zuschauer gehe. *Les statues meurent aussi* (1953), ein Film über afrikanische Kunst ebenfalls von Resnais und Marker, veranschaulicht diesen Vorgang. Der Film ordnet sich in die Reihe der „diskursiven Dokumentarfilme" ein, einer vorherrschenden Richtung in den fünfziger Jahren, die Odin folgendermaßen beschreibt: „un commentaire fortement directif vient donner sens et cohérence à une bande-image radicalement hétérogène".[143] Im Fall von *Les statues meurent aussi* wechseln sich Bilder von europäischer und afrikanischer Kunst, Archivaufnahmen und dokumentarisches Bildmaterial ab, während ein äußerst anspruchsvoller, literarischer Kommentar den Bildern Sinn verleiht.

Der Film spiele mit zwei Arten der Sinnproduktion, merkt Odin an: entweder er macht durch den Kommentar explizit deutlich, was gemeint ist, oder aber er regt den Zuschauer über die Montage der Bilder zu einer eigenen Bedeutungsbildung an. Auf diese Weise ermögliche der Film gleichzeitig „une communication aussi peu ambiguë que possible [...] et une appropriation du discours par le spectateur". Niney spricht in diesem Zusammenhang von einer „voix incarnée", einer Stimme, die Gestalt angenommen habe, obwohl der Sprecher im Bild nicht zu sehen ist. „Dans les documentaires de Resnais et Marker", erklärt er, „la voix a un visage: celui des images. C'est que ça nous regarde (aux deux sens de

---

140 Diesen Abstraktionsprozess bezeichnet Odin als „caractéristique de l'exemplification", basierend auf einem Ausdruck von Nelson Goodman.
141 Roger Odin, *L'âge d'or du cinéma documentaire*, S.44.
142 Die Filme *Monsieur et Madame Curie* und *Le Grand Méliès* sind ebenfalls Beispiele hierfür (s.o.).
143 Roger Odin, *L'âge d'or du cinéma documentaire*, S.39. Ein bekanntes Beispiel für den diskursiven Film ist Vertovs *Der Mann mit der Kamera* (s.o.).

l'expression)[144], leurs images nous regardent, nous faisons pas que les voir".[145] Die Bilder würden nicht mehr nur äußere Ansichten der Welt darstellen, sondern die Geschichte verinnerlichen und die Erinnerungen daran verbreiten, als entsprächen sie den Vorstellungen des Zuschauers. Sie setzen letztlich das um, was nach Godard die physische Realität des Kinos ausmacht: „ce double mouvement qui nous projette vers autrui en même temps qu'il nous ramène au fond de nous-même".[146]

Die dritte und letzte Kommunikationsstrategie, welche sich durch eine noch direktere Adressierung an den Zuschauer auszeichne, erklärt Odin anhand des Films *Dimanche à Pékin* (1955) von Marker. Anders als in *Le mystère de l'Atelier 15*, wendet sich hier nicht ein fiktives Ich an den Zuschauer, sondern ein reales, hinter dem der Regisseur selbst steckt, wie man der Offsprecherstimme entnehmen kann („moi qui prend ces images, et qui les respire, et qui les écoute"). Wie in Markers späterem Film, *Lettres de Sibérie* (1958), kreiert die Ich-Perspektive hier den Effekt einer autobiographischen Erzählung oder eines Tagebuchs, weshalb Odin auch von einem „Cinéma du JE" spricht: „C'est à une promenade subjective dans un Pékin à la fois réel et rêvé que nous invite C. Marker".[147]

Letzterer wende sich in dem Film *Dimanche à Pékin* aber nicht nur direkt an den Zuschauer, sondern beschreibe darin auch stets seine eigenen Reaktionen und Gefühle hinter der Kamera. Diese Art der Interaktion verweist bereits auf das *cinéma direct* der sechziger Jahre. Michel Serceau bezeichnet diese Vorgehensweise, welche noch ohne die technischen Möglichkeiten des Direkttons auskommt, als „illusion du direct".[148] Einige Filmemacher der fünfziger Jahre, allen voran natürlich Jean Rouch, arbeiteten auf diese Weise, betont Odin, jedoch nur wenige innerhalb der *Groupe des trente*. Es sei sogar auffällig, merkt wiederum Gauthier an, dass kein Mitglied der Gruppe – bis auf Chris Marker, der ohnehin eine Ausnahme darstelle – in den sechziger Jahren an der Erneuerung des Dokumentarfilms mit der leichten, synchronen Tonausstattung teilgenommen

---

[144] Der Terminus „regarder" hat zwei Bedeutungen: „anschauen" und „betreffen". Niney spielt hier also auf die Intention der Bilder an, die uns nicht nur anschauen, sondern auch betreffen.
[145] François Niney, *L'épreuve du réel à l'écran*, S.100.
[146] Jean-Luc Godard, *Pierrot mon ami*, in : *Jean-Luc Godard par Jean-Luc Godard*, S.263.
[147] Ebenda, S.46.
[148] Vgl. Michel Serceau, *L'avènement du cinéma direct et la métamorphose de l'approche documentaire*, in : *CinémAction*, Nr.41, 1981, S.79.

habe.[149] Tatsächlich war Marker der einzige, der in seinen späteren Dokumentarfilmen *Cuba si* (1962) und *Le Joli Mai* (1963) Direktton verwendete. Viele Mitglieder der Gruppe gingen dagegen zum Fiktionsfilm über. „Avec les années 50", schließt Odin daher, „une étape s'achève et une autre commence: pour les membres du Groupe comme pour le cinéma documentaire".[150]

1.3.   Auf direktem Weg zum neueren Film (1960 – 1990)

1.3.1.   Wirklich und wahrhaftig: *cinéma direct* und *cinéma vérité*

„En fait, si l'histoire du cinéma français est relativement linéaire jusqu'au début des années 60", konstatiert René Prédal, „elle est alors bouleversée par quatre phénomènes qui l'affectent très profondement et presque concurremment: le cinéma direct, le courant militant, la télévision et les nouvelles technologies".[151] Diese einander durchdringenden Erscheinungen charakterisieren ebenso die Folgejahre des Dokumentarfilms. Die technische Weiterentwicklung leichterer und geräuscharmer Handkameras kombiniert mit lippensynchroner Tonaufzeichnung Anfang der sechziger Jahre schuf die Voraussetzung für die neue Ästhetik des „direct".

Doch anders als in den USA oder Kanada, wo das *direct cinema* auf einer beobachtenden, aber distanzierten Herangehensweise beruhte, bedeutet die französische Methode des *cinéma vérité* ein aktives Beobachten von Ereignissen und Personen. Bill Nichols bezeichnet sie als „interactive mode of representation" im Gegensatz zum „observational mode" der amerikanischen Kollegen.[152] Unter Zu-

---

[149] An dieser Stelle äußert Odin eine generelle Kritik an Gauthiers Position gegenüber den Filmen der *Groupe des trente*. Er würde sie verkennen, so Odin, den Dokumentarfilm zu eng definieren und so einzig im „cinéma direct" den wahren Dokumentarfilm sehen. Gauthiers Charakterisierung der idealen dokumentarischen Methode sei restriktiv und kaum vertretbar, „si l'on veut étudier la place occupée par le documentaire dans l'espace social", erklärt Odin. (Vgl. hierzu Roger Odin, *L'âge d'or du cinéma documentaire*, S.50).
[150] Roger Odin, *L'âge d'or du cinéma documentaire*, S.50.
[151] René Prédal, *Défense et illustration du documentaire* in : *CinémAction*, Nr.41, 1981, S.18.
[152] Vgl. Bill Nichols, *Representing Reality: issues and concepts in documentary*, S.32ff. Nichols unterscheidet weiter zwischen dem „expository mode", der sich durch einen omnipotenten Kommentar auszeichnet (Flaherty) und dem „reflexive mode", welcher formale Verfahren im Film selbst thematisiert (Vertov). Seine dokumentarischen Repräsentationsmodi sind vielfach diskutiert und kritisiert worden. (Vgl. hierzu Christof Decker, *Grenzgebiete filmischer Referen-*

hilfenahme der neuen Technik, so Nichols, sollte die Position des Filmemachers deutlicher hervorgehoben werden:

> „The filmmaker's voice could be heard as readily as any other, not subsequently, in an organizing voice-over commentary, but on the spot, in face-to-face encounter with others".[153]

In Anlehnung an Verfahren der Ethnologie und Psychologie sollte eine Konfrontation zwischen filmenden und gefilmten Personen erreicht werden. Manfred Hattendorf betont in seiner Arbeit *Dokumentarfilm und Authentizität*, dass das Anliegen der beiden Hauptvertreter und Namensgeber des *cinéma vérité*, Edgar Morin und Jean Rouch, darin bestand, „authentische Regungen und Reaktionen auf den Gesichtern der befragten Personen aufzuzeichnen [...] und derart ein wahrheitsgemäßes Bild der komplexen Psyche moderner Stadtmenschen zu geben".[154]

Wenn die Herkunft der Bezeichnung *cinéma vérité* auch irrtümlicherweise Dziga Vertov zugeschrieben wird (vgl.1.1.3.),[155] so hatte die Bewegung mit diesem immerhin den Wunsch nach der Aufzeichnung der modernen Gesellschaft „pris sur le vif" gemein. Dieser Weg sei zwar kein Garant für die Wahrheit, bemerkt Gauthier, war aber bisher wenig im Dokumentarfilm verfolgt worden. Die Vorzüge eines „cinéma pris sur le vif" unterstrich Morin selbst in seinem Artikel vom 14. Januar 1960 in der Zeitschrift *France Observateur*. Darin pries er auch eine neue Art von Dokumentarfilmer an: „le cinéaste-scaphandrier qui plonge dans un milieu réel".[156] Gemeinsam mit dem kanadischen Kameramann Michel Brault[157] tauchten er und Rouch, um in der Metaphorik Morins zu bleiben, im Jahr 1960 in die Tiefen der Wirklichkeit von Paris ein und förderten den Film

---

tialität. Zur Konzeption des Dokumentarfilms bei Bill Nichols, in: Monate AV, 3/1/1994, S. 61 – 82.)

[153] Ebenda, S.44.

[154] Manfred Hattendorf, *Dokumentarfilm und Authentizität*, S.121.

[155] Vgl. hierzu auch Georges Sadoul, *Dziga Vertov, poète du ciné œil et prophète de la radio oreille*, in: *Image et Son*, Nr.183, 1963.

[156] Edgar Morin, zitiert nach, Guy Gauthier, *Le Documentaire – un autre Cinéma*, S.78.

[157] Michel Brault brachte eine Technik nach Frankreich ein, die er Kanada perfektioniert hatte, „celle de la „caméra qui marche" ", erklärt Rouch. Sein Umgang mit der Handkamera sei so gut gewesen, dass man noch heute von „travellings à la Brault" spreche. (Vgl. hierzu Guy Gauthier, *Le Documentaire – un autre Cinéma*, S.76.)

Chronique d'un été an die Oberfläche. „On ne pouvait imaginer trio plus apte à réaliser ce projet de saisir „l'authenticité du vécu"", merkt Gauthier an.[158]

Was Form und Inhalt betrifft, so erweise sich *Chronique d'un été* allerdings als äußerst heterogen, stellt Hattendorf in einer umfangreichen Analyse des Film fest:[159]

> „[Er sei] sowohl soziologischer Querschnitt, wie das einer Chronologie folgende Porträt einer Gruppe junger Franzosen und Ausländer in Paris. Narrative Passagen [...] wechseln mit politischen Gruppengesprächen über aktuelle Probleme des Jahres 1960 [...], dann steht wieder der Einzelne mit seiner individuellen Vergangenheit im Mittelpunkt".[160]

An den Interviewsituationen beteiligen sich Morin und Rouch – die anteilnehmenden Beobachter – sowohl vor als auch hinter der Kamera und erörtern abschließend, durch das Musée de l'homme schreitend, ihre eigene Vorgehensweise im Film. Diese Heterogenität, welche ebenfalls in der uneinheitlichen Montage sichtbar wird, erklärt sich, so Hattendorf, aus dem Interessenkonflikt der zwischen dem Ethnologen und Cineasten Jean Rouch und dem Soziologen und Literaten Edgar Morin bestand. Während ersterer darauf beharrte, die neuen mobilen Kameratechniken in Außenaufnahmen zu erproben, wollte letzterer vor allem der Leitfrage „êtes-vous heureux?" bei Gesprächen in Innenräumen mit einer festmontierten Kamera nachgehen.

Eine weitere Feststellung die Hattendorf in Bezug auf *Chronique d'un été* macht, ist, dass die vom Film behauptete „authenticité du vécu" „nicht auf der glaubhaften Versicherung [beruht], dieses oder jenes Ereignis hätte sich auch ohne die Anwesenheit der Kamera in dieser Weise zugetragen".[161] Im Gegenteil: die Spuren der Inszenierung würden im Film absichtlich nicht verwischt werden, um „als Ergebnis eines zeitlich befristeten Experiments des ‚Lebens mit der Kamera' eine andere Art der Authentizität an[zustreben], in der auch von der

---

[158] Guy Gauthier, *Le Documentaire – un autre Cinéma*, S.74.
[159] Die Heterogenität die diesen Film auszeichnet ist nicht von der Hand zu weisen. Hattendorfs These, dass die Begrenzung und Festlegung bestimmter formaler und inhaltlicher Grundentscheidungen wiederum eine Einheit des Films ergibt, bleibt aber zu diskutieren, was an dieser Stelle jedoch nicht geleistet werden kann. (Vgl. hierzu auch Wilhelm Roth, *Der Dokumentarfilm seit 1960*, S.17f.)
[160] Manfred Hattendorf, *Dokumentarfilm und Authentizität*, S.122.
[161] Ebenda, S.124.

Kamera und dem zumeist im Bild erscheinenden Fragesteller Edgar Morin initiierte Geständnisse und Gefühlsregungen als echt erscheinen sollen".[162]

Hattendorf kommt daher wie Niney zu dem Schluss, dass die Kamera in *Chronique d'un été* die Funktion eines Registrators überschreitet und die eines Katalysators einnimmt. Dieser treibe die gefilmten Personen zu Äußerungen an, die sie ohne ihn nicht preisgegeben hätten:

> „Ils réagissent à l'influence (au sortilège) de la caméra, comme à un catalyseur [...], de la même façon que l'on peut réagir dans la vie à une nouvelle rencontre, à cette différence près que la caméra n'est pas seulement le regard momentané d'un autre mais la puissance de rétention d'un troisième œil anonyme".[163]

Gleichwohl sei „das Gelingen dieses sozialwissenschaftlichen Versuchs", wie Hattendorf es nennt, von der Glaubwürdigkeit der Filmemacher abhängig. In diesem Zusammenhang merkt Rouch selbst an: „La sincérité des réalisateurs ne dissimulant ni leur caméra ni leur stratégie, devenait la condition essentielle de la valeur de leur témoignage".[164] Die Darlegung ihrer Vorgehensweisen zeugt in der Tat von ihrem Willen zur Aufrichtigkeit. Die Frage nach der Annäherung an die Wahrheit bleibt aber nach wie vor unbeantwortet, konstatiert wiederum Niney. Letztlich sei auch nicht dies entscheidend, sondern vielmehr die Beantwortung der Frage: „a-t-on appris, à travers le procès du film, quelque chose de soi, des autres, les uns par les autres?".[165]

Auf den als Manifest des *cinéma vérité* geltenden *Chronique d'un été* folgten in den Jahren 1961 und 1962 zwei Filme von Mario Ruspoli bei denen Michel Brault erneut als Kameramann mitwirkte: *Les Inconnus de la terre* und *Regard sur la folie*. Zwei außergewöhnliche Dokumentarfilme, so Gauthier, „qui contribuèrent à mieux faire comprendre l'esprit de ce que Ruspoli lui-même appela le „cinéma direct", apaisant du même coup la querelle née de l'emploi de l'expression „cinéma-vérité"".[166] Beide Filme gebrauchen ein wesentliches Ele-

---

[162] Ebenda, S.124f.
[163] François Niney, *L'épreuve du réel à l'écran*, S.163.
[164] Jean Rouch, zitiert nach Manfred Hattendorf, *Dokumentarfilm und Authentizität*, S.125.
[165] François Niney, *L'épreuve du réel à l'écran*, S.163.
[166] Guy Gauthier, *Le Documentaire – un autre Cinéma*, S.74. Zu Beginn der sechziger Jahre gab es um den Terminus „cinéma vérité" „une polémique bien parisienne". Während einige den Begriff im Sinne Jean Rouchs „non comme un cinéma de la vérité mais comme la vérité du cinéma" verstanden, vertraten andere die Ansicht, die Wahrheit sei unerreichbar, es gäbe immer nur die Wahrheit des einzelnen. Erst als der von Ruspoli eingeführte Ausdruck „cinéma

ment des *cinéma direct*: das Straßeninterview („micro-trottoir"). *Chronique d'un été* hatte es mit der Frage „êtes-vous heureux?" eingeführt und später setzte es sich erfolgreich im Fernsehen durch. Die Leitfrage nach dem Glück griff Chris Marker in seinem Film *Le joli Mai* (1962) wieder auf. Diese Frage durchziehe sein gesamtes Werk, bemerkt Niney: „on la retrouve dans *Sans soleil* [...] et au cœur du *Tombeau d'Alexandre* Medvedkine, auteur justement du film *Le Bonheur* (1934)".[167]

Warum ist die Frage nach dem Glück für Marker von so elementarer Bedeutung? „Le bonheur, c'est la question politique en deçà et au-delà du politique c'est le „plus" subjectif qui déborde toujours l'objectif", lautet Nineys Antwort. Eine weitere Begründung liegt in der Situation Frankreichs im Jahr 1962: zum ersten Mal nach dreizehn Jahren erlebte das Land eine Friedenszeit – der Zweite Weltkrieg sowie die Kriege in Indochina und Algerien waren vorüber. So bildet die Beendigung des Algerienkrieges und der Friedensfrühling in Paris den Ausgangspunkt von Markers *Le joli Mai*. Die Straßeninterviews die dabei im ersten Teil dominieren, wie Wilhelm Roth feststellt, würden im zweiten in die Zeitgeschichte integriert.

Markers Vorgehensweise im Film unterscheide sich dabei von Rouchs, da er Inszenierungen und Provokationen umgehe und seine eigenen Materialien benutze, „um daraus am Schneidetisch seine „Wahrheit", die aus Bild, Originalton und Kommentar besteht, zu artikulieren".[168] Während Roth deshalb in *Le joli Mai* einen Autorenfilm, „mehr der Nouvelle Vague zugehörig als der Dokumentarfilmbewegung", sieht, so stuft Gauthier ihn als „œuvre capitale de l'histoire documentaire" ein. Zu welcher Richtung der Film auch mehr tendieren mag, was ihn in jedem Fall auszeichnet, ist der ihm innewohnende „point de vue documenté" im Sinne Vigos oder wie Roger Tailleur es formuliert, das „ciné-*ma* vérité" Markers.[169]

Ein Jahr nach der Fertigstellung von *Le joli Mai* ging die „courte période des manifestes et des tâtonnements" zu denen dieser Film noch zählte, zu Ende. Die

---

direct" in Frankreich üblich und vom „cinéma vérité" als einer Methode gesprochen wurde, ebbte die Diskussion ab. (Vgl. hierzu auch François Niney, *L'épreuve du réel à l'écran*, S.133f.)

[167] François Niney, *L'épreuve du réel à l'écran*, S.171.

[168] Wilhelm Roth, *Der Dokumentarfilm seit 1960*, S.19.

[169] Roger Tailleur, zitiert nach Guy Gauthier, *Le Documentaire – un autre Cinéma*, S.79. Der Bindestrich in „ciné-ma" spielt auf die Relativität des Wahrheitsgehalts eines Films an.

Methoden des *cinéma vérité* und das *cinéma direct* entwickeln sich jedoch weiter: im Fernsehen. Beispielhaft hierfür ist die von Eliane Victor produzierte Serie *Les femmes aussi*. Sie sei eine der dauerhaftesten Serien im französischen Fernsehen (67 Ausgaben zwischen 1964 und 1973) sowie „une véritable école du cinéma direct" gewesen, erklärt Niney.[170] Im Rahmen dieser Serie entstandene Filme, wie *Au grand magasin* (1964) von William Klein, *De mère en fille* (1965) von Ange Casta und *À la campagne, un médecin de 28 ans* (1968) von Maurice Failevic hatten zum Ziel, den Status der Frau in der zu jener Zeit konservativen französischen Gesellschaft zu analysieren. Niney merkt an, dass *De mère en fille* dabei „un des films les plus accomplis de la série *Les femmes aussi*" darstelle, da er dem Zuschauer nicht die „objektive" Wahrheit über den Zustand einer „repräsentativen" Frau liefere, sondern eine bestimmte Wahrheit über diese Frau „par son changement d'état à la lumière du tournage". Um solche Repräsentationsweisen erreichen zu können, gewährte die Produzentin Victor den jungen Filmemachern nicht nur Zugang zur neuen Technik des *cinéma direct*, sondern auch Zeit für Dreh und Montage – „Tout l'opposé de ce qui définit „une case" sur les chaînes commerciales aujourd'hui", konstatiert Niney.[171]

Neben den für das Fernsehen produzierten Dokumentarfilmen machten auch Fiktionsfilme zunehmend Gebrauch von der Ästhetik des „direct", um den Realitätseindruck zu verstärken. Insbesondere die frühen Filme Jean-Luc Godards zeugen hiervon. So nehmen die Szenen zwischen Mädchen und Jungen in *Masculin Féminin* (1966) die Form von Interviewsituationen anstelle von Dialogen an und in *Deux ou trois choses que je sais d'elle* (1967) erweist sich die soziologische Umfrage als ein wichtiges Element. Den Höhepunkt dieses Austausches bilde aber der Film *Paris vue par...* (1965) von Jean Douchet, Jean-Daniel Pollet, Eric Rohmer, Claude Chabrol, Rouch und Godard, stellt Niney fest und erklärt: „Si Rouch y fait un peu du Godard, Godard y fait un peu du Rouch".[172] Dieser Film, der das Leben im Paris jener Zeit auf ironische Weise widerspiegelt, illustriert zudem worin nach Gilles Deleuze das Ziel des *cinéma direct* besteht:

> „Nicht im Erreichen eines unabhängig vom Bild bestehenden Realen, sondern im Erreichen eines mit dem Bild koexistierenden und von ihm untrennbaren Vorher und

---

[170] François Niney, *L'épreuve du réel à l'écran*, S.172.
[171] Ebenda.
[172] Ebenda, S.170.

Nachher. Dies ist Sinn und Richtung [*sens*] des *cinéma direct*, ja geradezu des Kinos überhaupt: die direkte Präsentation der Zeit zu erreichen".[173]

Dem fügt Jean-Louis Comolli noch eine Dimension hinzu, nämlich die Verbindung zum Körperlichen:

> „La révolution du cinéma direct revient à rapprocher la machine de l'homme, son utilisateur aussi bien que son sujet, l'homme filmant comme l'homme filmé".[174]

Erst die Beziehung zwischen filmender und gefilmter Person „via la machine" verringere die Distanz „toujours en jeu dans le travail de mise en scène" und ermögliche eine Darstellung von Intimität. „Le direct", schließt Comolli daher, „par cette danse des corps avec la machine, développe une intimité rythmique jamais accessible auparavant sauf par l'imagination, la poésie ou le roman".[175]

1.3.2. Kämpferisches Kino und Kollektive

Das Jahr 1968 ist geprägt von den Ereignissen in Vietnam, den weltweiten Studentenrevolten und Fabrikbesetzungen sowie vom Prager Frühling und dessen gewaltsamer Beendigung. Roth weist in diesem Zusammenhang darauf hin, dass „die Verbindung zwischen Studentenrevolte und Vietnamkrieg in den französischen Filmen weniger ausgeprägt als in den Filmen anderer Länder" scheint.[176] Dies läge daran, dass Frankreich „von einer Konstellation fasziniert [war], die anderswo kaum eine Rolle spielte: der Koalition zwischen Studenten und Arbeitern".[177] Daher schlage sich vor allem dieser Aspekt in den Filmen nieder.[178]

Militantes Kino habe in Frankreich Tradition, konstatieren sowohl Roth als auch der Filmkritiker Étienne Ballérini. Das erste Kollektiv zur Dokumentation

---

[173] Gilles Deleuze, *Das Zeit-Bild, Kino II*, 1999, S.57.

[174] Jean-Louis Comolli, *Lumière éclatante d'un astre mort*, in : Images Documentaires, Nr.21, 1995, S.14.

[175] Ebenda, S.16.

[176] Wilhelm Roth, *Der Dokumentarfilm seit 1960*, S.56.

[177] Ebenda, S.56f.

[178] Das Thema Vietnamkrieg ist dennoch behandelt worden. So entstand unter Mitwirkung des niederländischen Dokumentarfilmers Joris Ivens und mit Episoden von Agnès Varda, Claude Lelouch und Jean-Luc Godard „einer der reflektiertesten Vietnamfilme": *Loin du Vietnam* (1967).

sozialer und politischer Probleme, *Le cinéma du peuple*, bildete sich bereits 1913; im Volksfrontjahr 1936 entstand der Film *La vie est à nous*, während des Zweiten Weltkrieges die Filme der Widerstandsbewegung (vgl.1.2.1.) und hernach wurde der Algerienkrieg dokumentiert. „Mais c'était insuffisant", merkt Ballérini an, „à la fin des années 60 beaucoup trop d'événements essentiels n'avaient jamais trouvé d'écho sur nos écrans".[179]

Einmal mehr leistete Chris Marker hier Pionierarbeit. Anfang 1967 reiste er anlässlich eines Streiks in der Textilfabrik *Rhodiacéta* von Paris in die Provinzstadt Besançon. Der Forderung der streikenden Arbeiter nach kultureller Bildung kam Marker entgegen, indem er ihnen Medvedkines Film *Le Bonheur* vorführte und davon berichtete, wie dieser seine Filme über die Lebensweisen, Hoffnungen und Ängste der Menschen stets vor Ort produzierte und präsentierte. Daraufhin wurde Marker von den Arbeitern darum gebeten, ihren Streik zu dokumentieren. Auf diese Weise entstand der Film *A bientôt, j'espère* (1967), der den Arbeitern von *Rhodiacéta* ein Jahr später vorgeführt wurde. Der Filmemacher Bruno Muel bemerkt:

> „Evidemment apprécié, il n'en a pas moins vigoureusement été remis en cause, Ils parlèrent de „romantisme" et, plus fort, d'un regard d'„ethnologue" ou d'„entomologiste"".[180]

Marker, dem die Beschränkungen des Films von vorneherein bewusst waren, schlug den Arbeitern daher vor, ihnen Kamera und Tongeräte zu überlassen, damit sie selbst aufzeichnen konnten was sie erlebten.[181] Es kam zum Gründungsereignis des militanten Kinos: der Zusammenschluss des *Groupe Medvedkine*. Als Sprachrohr der Arbeiter machte es sich diese Gruppe, bestehend aus Arbeitern und Filmemachern, zur Aufgabe, kulturelle Barrieren aufzuheben, „pour se donner les moyens de lutter à armes égales contre ceux qui pensent que

---

[179] Étienne Ballérini, *L'expérience du cinéma militant pendant l'entre-deux-mai: une parenthèse historique?*, in : *CinémAction*, Nr.41, 1981, S.91.

[180] Bruno Muel, *Les riches heures du groupe Medvedkine*, in: *Images documentaires*, Nr.37/38, 2000, S.19.

[181] Jean Rouch brachte diese Methode in einem posthumen Brief an die Anthropologin Maragret Mead auf die schöne Formulierung „désormais, Nanook of the North filme avec la caméra de Robert Flaherty" (Vgl. hierzu Claudine de France, *Pour une anthropologie visuelle*, Mouton-EHESS, Paris/ La Hay, New York, 1979.)

chacun doit rester à sa place", betont Muel.[182] Henri Traforetti, einer der Arbeiter von *Rhodiacéta*, beschreibt seine Erfahrungen im *Groupe Medvedkine* folgendermaßen:

> „L'initiation aux méthodes de communication nous a amené à mieux nous connaître de façon individuelle et collective, mais aussi à communiquer avec les autres".[183]

Mit Hilfe der von Marker gegründeten Produktionsfirma *Slon* (*Société de Lancement des Œuvres Nouvelles* oder „Elefant" auf russisch) realisierte die Gruppe eine Reihe von Kurzfilmen wie *Rhodia 4 x 8* (1969) oder *Classe de lutte* (1969).[184] Diese wurden Arbeitern anderer Fabriken vorgeführt. In der Automobilfirma Peugeot in Sochaux bildete sich daraufhin eine weitere Gruppe unter dem Namen *Groupe Medvedkine*. Ihren ersten Film verdanken sie einem Zufall, so Muel, denn ein Taxifahrer hatte den gewaltsam beendeten Arbeiteraufstand bei Peugeot am 11. Juni 1968 auf Super 8 Film aufgezeichnet. Muel übernahm die Montage des Films der den Titel *Sochaux, 11 juin 68* (1970) erhielt und produzierte danach gemeinsam mit dem zweiten *Groupe Medvedkine* die beiden Filme *Les trois-quarts de la vie* (1971) und *Weekend à Sochaux* (1971). Das Schlusslicht bildet der Film *Avec le sang des autres* (1975). „Le titre dit bien la distance qui a progressivement mis du flou dans nos relations", konstatiert Muel. Obwohl dieser Film noch von dem vertraulichen Verhältnis zur Arbeiterwelt zeuge, so sei er bereits kein Gemeinschaftsprojekt mehr gewesen.

Wenn auch weiterhin Filme entstanden, die sich thematisch mit dem Leben und Leid der Arbeiter auseinander setzten,[185] so ebbte die gemeinsame Filmarbeit zwischen Arbeitern und Filmemachern mit der Zeit ab. Doch die militante Bewegung hatte auch auf den Film selbst übergegriffen. Am 17. Mai 1968 war

---

[182] Ebenda.

[183] Henri Traforetti, *Des images-souvenirs*, in: *Images documentaires*, Nr.37/38, 2000, S.40f.

[184] In letzterem sieht Muel gleichzeitig das Pendant und Gegenstück zu dem Film *La reprise du travail aux usines Wonder* (1968) von Jacques Willemont und Pierre Bonneau. Beide Filme würden auf unterschiedliche Weise ein wahres Bild von der Arbeitersituation im Mai 68 vermitteln: während *Classe de lutte* eine Frau zeige, „qui se dresse et qui trouve les mots simples pour rassembler, pour ranimer la solidarité, l'espoir", so stelle *Wonder* eine andere junge Frau dar, „qui cherche les mots pour crier sa déception, sa solitude, son désespoir". Roth bemerkt zu *Wonder*: „knapper und konzentrierter ist kaum je ein komplexer Vorgang im Dokumentarfilm dargestellt worden". (Vgl. hierzu Wilhelm Roth, *Der Dokumentarfilm seit 1960*, S.57f.)

[185] Vgl. hierzu die Liste der 200 Filme zur Arbeiterthematik in: *Images documentaires*, Nr.37/38, 2000.

das Festival von Cannes aufgrund der politischen Ereignisse abgebrochen und in Paris die „Generalstände des französischen Films" gegründet worden. Diese wollten die Abschaffung von Zensur und Monopolherrschaften in der Filmwirtschaft sowie eine Selbstverwaltung erreichen.

Die Generalstände, welche in den folgenden zwei Monaten 70.000 Meter Film drehten und sammelten, lösten sie sich jedoch recht bald wieder auf, da ein gemeinsamer Vertrieb dieser Filme nicht lange gewährleistet werden konnte. „Auch in den *Etats Généraux du Cinéma Français* waren alle politischen Richtungen innerhalb der Linken mit ihren oft scharfen ideologischen Gegensätzen vertreten", kommentiert Roth die rasche Auflösung der Generalstände.[186] Ballérini merkt an, dass letztere einen wahren Umbruch üblicher Vertriebswege zwar nicht erreicht hätten, doch habe sich dank der vielen kleinen Gruppen, die nach der Auflösung aus den Generalständen hervorgingen, eine neue Filmlandschaft gebildet:

> „Tout un cinéma différent s'est donc mis à fonctionner à l'ombre des grandes compagnies pour se faire le témoin direct des principaux problèmes de la société".[187]

Kleine Kollektive wie *Cinéma libre, Cinéthique* oder *Cinélutte* kämpften weiter gegen bürgerliche Darstellungen und ihre Organisationen an, indem sie selbst Filme produzierten und vertrieben, welche die Realität widerspiegeln und den Arbeitern als „Waffe" dienten sollten. Daneben bildeten sich in den ländlichen Regionen Kollektive (*Cinéma paysan, Cinoc, Les films du village*), um von der Situation der Landbevölkerung zu berichten. Mit dem Aufkommen des Super 8 Films sowie dem Medium Video gründeten sich Mitte der siebziger Jahre noch weitere (*Apic, Vidéo out*), erklärt Ballérini, „permettant grâce à ces moyens, une intervention plus rapide sur le terrain".[188] All diese mehr oder weniger bedeutsamen Gruppen haben den französischen Dokumentarfilm seit 1968 geprägt. Ihre Zeit ging jedoch 1979 mit dem letzten, vom Haus der Kultur in Rennes organisierten, Treffen *Journées du cinéma militant* zu Ende.

---

[186] Wilhelm Roth, *Der Dokumentarfilm seit 1960*, S.57.
[187] Ebenda, S.92.
[188] Étienne Ballérini, *L'expérience du cinéma militant pendant l'entre-deux-mai*, S.95.

Dem militanten Kino ist oft der Vorwurf gemacht worden, es habe sich nicht um Form und Ausdruck seiner Filme gekümmert.[189] Einen theoretischen und ästhetischen Diskurs hat es aber zumindest bei denjenigen Filmemachern gegeben, die sich um eine adäquatere Repräsentation des Realen bemühten – was mit Hilfe der neuen leichten Technik des *direct* ermöglicht wurde.[190] Die Entwicklung des Fernsehens banalisierte diese Aufnahmen allerdings rasch wieder. Ballérini merkt diesbezüglich an:

> „Conscients de ces critiques et du fait que le public avait désormais une autre perception de l'image, ils [les cinéastes militants] ont cherché *à la fois* à mettre en place une plateforme politique et un discours esthétique sur le cinéma: quel pouvait être le langage le plus approprié pour faire passer un message et être efficace pour le maximum de gens?"[191]

Dass einige Kollektive sich in der Tat darum bemühten, eine eigene Form zu kreieren, geht aus einem Bericht von *Cinéma libre* hervor:

> „Travailler le son, la parole, le commentaire, le montage, le cadre... le cinéma militant doit être pensé comme cinéma, c'est-à-dire comme objet culturel, comme objet de plaisir... rompre avec l'amateurisme... avoir une unité de style".[192]

Die Debatten um die Frage nach der Form des militanten Kinos veranschaulichen zugleich die Vielfalt der Bewegung „qui a porté en lui toutes les interrogations du milieu intellectuel, culturel et politique de la gauche de notre pays".[193] Darüber hinaus neigte es als ein Gruppenphänomen („cinéma de groupes") immer auch dazu, einen pluralistischen Blick zu entwickeln und Probleme des Kollektivs zu diskutieren. Schließlich aber gelang dem militanten Kino die Repräsentation einer vor 1968 so gut wie gar nicht medial aufgearbeiteten Wirklich-

---

189 Vgl. hierzu Jean-Piere Jeancolas, *Le cinéma des Français*, la Ve République 1958-1978, Éditions Stock, 1979.

190 Godard widmete sich, fasziniert vom *cinéma direct* und beeinflusst von den Maidemonstrationen, diversen Filmexperimenten mit theoretischem Hintergrund. In den USA erarbeitete er gemeinsam mit den Meistern des *direct cinema*, Richard Leacock und Don Allan Pennebaker, den Film *One P.M.* (1971) und zurückgezogen in Grenoble produzierte Godard die Filmreihe *Six fois deux, sur et sous la communication* (1976).

191 Étienne Ballérini, *L'expérience du cinéma militant pendant l'entre-deux-mai*, S.96.

192 Kollektiv *Cinéma libre*, zitiert nach Étienne Ballérini, *L'expérience du cinéma militant pendant l'entre-deux-mai*, S.96.

193 Ebenda, S.96.

keit sowie eine Vertiefung der vom *cinéma vérité* initiierten Suche nach der Authentizität des Erlebten.

1.3.3. Vielfalt in Ton und Bild: die Erben des *direct*

„Parallèlement à ce mouvement du cinéma militant – qui ne fait qu'interférer avec le documentaire sans pouvoir lui être assimilé", stellt Gauthier fest, „le cinéma qu'on pourrait dire „classique" poursuit son chemin".[194] Jean-Paul Colleyn zieht es vor, jenes parallele Kino als ein von *Chronique d'un été* eingeleitetes „Genre" mit den charakteristischen Fragestellungen nach Schicksal, Glück und Politik zu bezeichnen. Charles Musser spricht von einer „zweiten Generation des Cinéma Vérité".[195]

Wie immer auch man die Dokumentarfilmproduktion jenseits des militanten Kinos nennen mag, in ihr gab es wiederum verschiedene Richtungen. Auf der einen Seite ließ Marcel Ophüls mit seinem Film *Le chagrin et la pitié* (1969) eine Richtung wieder aufleben, die „angesichts der scheinbar unbegrenzten Möglichkeiten des Cinéma Vérité kaum mehr Beachtung fand: die historische Dokumentation".[196] Solche Filme enstanden in der Folge zahlreich, bemerkt Ballérini, „parce qu'au lendemain des journées de mai, le public avait besoin de s'interroger sur les grands événements qui ont marqué notre histoire".[197] Mit *Le chagrin et la pitié* habe Ophüls allerdings „in der Erforschung der Geschichte neue Wege beschritten", betont Roth.[198] Der Film bot einen anderen Blick auf die Zeit der Kollaboration und des Widerstands in Frankreich und brach damit ein Tabuthema.[199]

Auf der anderen Seite widmeten sich Dokumentarfilmer der aktuellen Situation. So zeichnet Louis Malle in *Place de la République* (1973) das betriebsame

---

[194]Guy Gauthier, *Le Documentaire – un autre Cinéma*, S.85.

[195] Charles Musser, *Die Erfahrung der Realität*, S.488.

[196] Ebenda.

[197] Étienne Ballérini, *L'expérience du cinéma militant pendant l'entre-deux-mai*, S.99. Hierzu zählen etwa die Filme *Français si vous saviez* (1971) von André Harris und Alain de Sédouy oder *36, le grand tournant* (1969) von Henri Turenne.

[198] Wilhelm Roth, *Der Dokumentarfilm seit 1960*, S.127. Ähnlich verhält es sich später mit dem Film *Shoah* (1985) von Claude Lanzmann.

[199] Aufgrund dessen wurde er auch erst 1981 im französischen Fernsehen O.R.T.F. ausgestrahlt.

Leben im Herzen von Paris „à l'heure de la libération sexuelle" nach, während Agnès Varda in *Daguerréotypes* (1975) ihre eigene Straße (die „rue Daguerre") „dans un périmètre de 90 mètres, soit la longuere du câble qui la relie à son compteur électrique" erforscht.[200] Beide folgen damit den Prinzipien des *cinéma vérité* – auch wenn sich erstere dagegen ausspricht:

> „Je suis contre le cinéma-vérité, puisque la caméra se place à un endroit subjectif, choisi par le réalisateur".[201]

Mit gezielten Fragen wie „À quoi rêvez-vous?" wendet sich Varda an die gefilmten Personen, die sich daraufhin „selbst inszenieren", so dass die Filmemacherin folgert: „Toute la journée, la rue nous offre des spectacles qui commentent le réel, la vraie vie et les vrais gens".[202]

Das „wahre Leben" bot den Dokumentarfilmern in den siebziger Jahren ein breites Spektrum an Themen, die sie in ihren Filmen verarbeiteten. So analysiert etwa Elia Lenasz in dem Film *Pour qui les prisons* (1977) Sinn und Zweck von Strafvollzugsanstalten, Jean-Michel Carré behandelt in *Alertez les bébés* (1978) die Probleme von Schule und Bildung und Coline Serreau widmet sich, im Rahmen des aufkommenden feministischen Kinos, in ihrem Film *Mais qu'est-ce qu'elles veulent?* (1978) der Position der Frau. Colleyn konstatiert dazu:

> „Face à l'abondance des titres, le choix est relativement arbitraire, car tous les sujets de la vie nationale et internationale [...] sont abordés par le cinéma documentaire des années soixante-dix/quatre-vingt".[203]

Seit den sechziger Jahren und beeinflusst durch das *cinéma direct* entwickelte sich der Dokumentarfilm außerdem hin zur Reportage.[204] Im Gegensatz zum Dokumentarfilm, in welchem sich der subjektive Blick des Filmemachers nieder-

---

[200] Jean Breschand, *Le documentaire. L'autre face du cinéma*, S.33.
[201] Agnès Varda, *Agnès Varda*, in: Claire Devarrieux/ Marie-Christine de Navacelle (Hg.), *Cinéma du réel*, Paris 1988, S.50. Vardas Ablehnung des *cinéma vérité* richtet sich wohl eher gegen die Bezeichnung als solche.
[202] Ebenda. S.47.
[203] Jean-Paul Colleyn, *Le regard documentaire*, S.56.
[204] Obwohl Dokumentarfilm und Reportage dasselbe Material (das Reale) und dieselben formalen Elemente (Off-Stimme, Interviews, Archivbilder) verwenden, unterscheiden sie sich in ihren Ergebnissen. Dies liegt zum einen in der Länge der Filme begründet, sowie an der Art, wie Themen behandelt werden (unmittelbar oder aufgearbeitet); zum anderen in der Sichtweise auf die Realität. (vgl. hierzu Édouard Mills-Affif, *Filmer le réel ou le dévoiler?*, in: *Dossiers de l'audiovisuel*, Nr.109, 2003, S.17f.)

schlage, stelle die Reportage ein „cinéma sans point de vue, du moins sans point de vue avoué" dar, erklärt Leblanc.[205] Die Vollendung dieser Entwicklung sieht er in den Filmen von Raymond Depardon: „Depardon s'efface en tant que point de vue derrière la réalité. Son point de vue est celui de la caméra en train de filmer".[206] Als gelernter Photograph ziehe Depardon sich hinter die Kamera zurück und lässt die aufgezeichneten Bilder für sich „sprechen". Sie bräuchten nicht erläutert zu werden, argumentiert Depardon, da sich die abgebildete Realität von selbst präsentiere und erkläre. Aus diesem Grund arbeitet er in seinen Filmen stets ohne Kommentar und Interview. „La réalité comme si vous y en – étiez, et comme si le cinéaste n'y était pas", beschreibt Leblanc seine Vorgehensweise,[207] die sich grundsätzlich von der Rouchs unterscheidet. Bei Depardon zeichnet die Kamera auf, was sich auch ohne ihre Anwesenheit so abgespielt hätte. Von 1983 (*Faits divers*) bis 1994 (*Délits flagrants*) geht er dabei von der Schulterkamera zu einer festmontierten Kamera auf Stativ und damit zu einer bühnenmäßigen Inszenierung über, betont Leblanc.

Wenn der Dokumentarfilm-Reporter somit nicht ins Geschehen eingreift, das heißt keine Position bezieht, so ist er dennoch während des Drehs und vor allem während der Montage präsent. Depardon verändert nicht die aufgezeichneten „Realitätsblöcke", wählt aber ihre Reihenfolge und Länge aus, um bestimmte emotionale oder ästhetische Wirkungen zu erzielen. Ein Beispiel hierfür ist die Montage der Selbstmordthematik in *Faits divers*: vor dem „gelungenen" Selbstmordfall wird erst ein missglückter präsentiert. Depardon montiere seine Aufnahmen wie für einen Fiktionsfilm, stellt Leblanc fest, „alternant temps forts et temps faibles, mélangeant les genres – de la comédie au drame en passant par le burlesque –, dosant savamment le rire, le sourire, la gorge nouée, les larmes".[208]

Eine Frage, die sich Leblanc hier aufdrängt, ist, ob nicht die Realität selbst eine bestimmte fiktionale Rekonstruktion hervorbringt und Depardon diese lediglich umzusetzen sucht? Leblanc weist in diesem Zusammenhang darauf hin, dass die Realität nicht nur „auteur du scénario", sondern sogar im vorhinein organisiert sei. Im Fall von *Faits divers* sei sie es durch das repräsentierte Polizeirevier,

---

[205] Gérard Leblanc, *Scénarios du réel. information, régimes de visibilité*, Band 2, Paris 1997, S.174.
[206] Ebenda.
[207] Ebenda, S.183.
[208] Ebenda, S.176.

in welchem bestimmte Handlungen nach einem immergleichen Schema ablaufen:

> „Depardon n'a donc pas filmé la vraie vie d'un commissariat, mais la vie telle qu'elle est scénarisée et mise en scène par ce commissariat, dans la visée tout à fait légitime et explicable de se faire bien voir".[209]

Das Beispiel Depardon legt nahe, dass ein Reporter ebenso Dokumentarfilmer sein kann und eine Reportage dem Dokumentarfilm durchaus das Ausgangsmaterial liefern kann. Dennoch verhält es sich prinzipiell so, wie Gauthier in einer allegorischen Formulierung erklärt: „le reportage est au documentaire ce que les notes prises par Émile Zola sur le terrain sont à Germinal".[210]

Der grundsätzliche Wunsch der Dokumentarfilmer, zwischen Reportage und Dokumentarfilm zu unterscheiden, führte Ende der siebziger Jahre zur Entstehung der Kategorie „documentaire de création".[211] Genaue Kriterien zu dessen Identifizierung formulierte *La bande à Lumière*, ein Zusammenschluss von Dokumentarfilmern der sich im November 1985 mit dem Ziel, „den französischen Dokumentarfilm zu retten", gründete.[212] Für jeden *documentaire de création*, verkündete die *Bande à Lumière*, müsse erstens ein „scénario documentaire" vorliegen, das Personen, Orte und Situationen, sowie dessen Auswahl und die Wahl der technischen Mittel und Inszenierungsstrategien (das Dispositiv) vorstelle und begründe. Zweitens sei eine längere „enquête du terrain" vor der Umsetzung notwendig und drittens müsse die Neuzusammensetzung des Materials bei der Montage den Autor erkennen lassen.

Édouard Mills-Affif weist in seinem Aufsatz *Filmer le réel ou le dévoiler?* darauf hin, dass die *Bande à Lumière* mit diesen Auswahlkriterien letztlich nur auf

---

[209] Gérard Leblanc, *Scénarios du réel. information, régimes de visibilité*, Band 2, Paris 1997, S.188.

[210] Guy Gauthier, *Le Documentaire – un autre Cinéma*, S.108.

[211] Nicolas Philbert liefert hierfür eine treffende Definition: „Un documentaire de création, c'est un film pour lequel il faut s'investir, se mouiller, c'est retrouver des émotions à travers la vie des gens, c'est peut-être un document personnel qui obéirait à une démarche plus intime. C'est peut-être tout bêtement un document où le cinéaste se pose des problèmes de forme et pas seulement de contenu. C'est aussi prendre le temps qu'il faut par opposition aux *news*". (Nicolas Philibert, zitiert nach Édouard Mills-Affif, *Filmer le réel ou le dévoiler?*, in: *Dossiers de l'audiovisuel*, Nr.109, 2003, S.17.)

[212] Vgl. hierzu Yves Jeanneau/ Richard Copans/ Henri Richard, *Filmer le réel*, La bande à Lumière, 1987.

einer formaleren Ebene zusammenfasst, was andere bereits vor ihnen verkündeten:

> „On y retrouve la synthèse entre les enseignements de Robert Flaherty (l'importance
> d'une longue immersion sur le terrain), ceux de Dziga Vertov (l'importance de la ré-
> écriture au montage) et de Jean Vigo (l'indispensable point de vue documenté)".[213]

Zu Gute gehalten werden muss der *Bande à Lumière* allerdings, dass sie mit ihrer Arbeit, die noch im Zeichen militanter Kollektive stand, eine Förderung und Verbreitung des Dokumentarfilms im Kino und Fernsehen der achtziger Jahre erreichte.[214] Zudem entwarf die Gruppe eine der ersten Zeitschriften, die sich mit dem Dokumentarfilm auseinandersetzt: *La revue Documentaires.*[215] Die Kategorie *documentaire de création*, 1986 offiziell von der CNCL (*Commission nationale de la communication et des libertés*) definiert, besteht bis heute und bildet das Ausschlusskriterium nach welchem Dokumentarfilme vom CNC (*Centre national de la cinématographie*) finanziell unterstützt und gefördert werden.[216]

Der Auflösung der *Bande à Lumière* folgte im Jahr 1992 die Gründung von *Addoc* (*Association des cinéastes documentaristes*). Dieser Gruppe ging es zunächst ebenfalls darum, zwischen Reportage und Dokumentarfilm zu unterscheiden, um letzterem einen Status im Fernsehen zu sichern. Doch recht bald schon lautete der Leitspruch von *Addoc*: „Le documentaire c'est du cinéma". Der Dokumentarfilm sollte nicht nur gleichberechtigt neben dem Fiktionsfilm existieren, sondern gleichberechtigt behandelt werden und im Kino präsent sein. Die Gruppe *Addoc* unterscheidet sich in ihrer Vorgehensweise von der *Bande à Lumière* dadurch, dass letztere sich vor allem dafür einsetzte, den Beruf des Dokumentarfilmers in aller Freiheit ausüben zu können, während erstere mög-

---

[213] Édouard Mills-Affif, *Filmer le réel ou le dévoiler?*, S.18.

[214] Der Aufschwung des Dokumentarfilms in den achtziger Jahren hing auch mit der an das Fernsehen gerichteten Auflage des französischen Staates zusammen, „den Film" zu retten („sauver le cinéma"). (Vgl. hierzu auch Jean-Michel Frodon, *Nuée inspirée*, in: *Cahiers du Cinéma*, Nr.594, 2004, S.5.)

[215] Zeitschriften die daraufhin folgten sind *Images Documentaires* und *DOX* (Vgl. hierzu auch *Pourquoi écrire sur le cinéma documentaire?*, in: *La revue Documentaires*, Nr.14, 1999, S.181ff.)

[216] Kritik setzt dort ein, wo die Kategorie *documentaire de création* Werke ausschließt, die durchaus als Kreationen angesehen werden können (etwa Auftragsfilme). (Vgl. hierzu auch Geneviève Jacquinot-Delaunay, *Pour un regard qui prend le risque de comprendre*, in: *Dossiers de l'audiovisuel*, Nr.109, 2003, S.63-66.)

lichst viele Dokumentarfilmer an einen Tisch zu bringen versucht, um Erfahrungen auszutauschen und Probleme des Dokumentarfilms zu diskutieren.[217]

Als *Addoc* sich formierte, vollzog sich in der Fernsehlandschaft und Filmproduktion ein großer Wandel: eine Vielfalt an Sendern entstand (darunter der europäische Kulturkanal und deutsch-französische Sender *Arte*, in Frankreich zuvor *La Sept*) und die Qualität der Videotechnologie verbesserte sich (durch die neuen Formate *Hi-8* und *Super VHS*). Ein bezeichnender Film aus dieser Zeit ist *Et la vie* (1991) von Denis Gheerbrant. *Et la vie* erregte Aufsehen, da Gheerbrant ihn im Alleingang und auf Video drehte. Mit seiner Vorgehensweise, die Gheerbrant in Filmen wie *La vie est immense et pleine de dangers* (1993) fortsetzt, erhalte er das *cinéma vérité* aufrecht, „dans la mesure où, caméra à l'épaule et tout seul, il tente de communiquer la vérité des rapports qu'il constitue avec les gens qu'il filme", erklärt Michael Hoare.[218]

In einem weiteren Film, *Récréations* (1992) von Claire Simon, ist die große Nähe die der Zuschauer zu Kindern in einem Schulhof erfährt, ebenso dem Medium Video zu zuschreiben. Die gute Tonqualität des Films erreichte Simon zwar erst, als sie die Kinder in einem zweiten Arbeitsgang ihre Sätze nachsprechen ließ; trotzdem oder gerade wegen dieser offensichtlichen rekonstruierten Inszenierung, einer „mise en scène de la parole", vermittele *Récréations* einen großen Eindruck von Authentizität, stellt Gheerbrant bei einem Treffen von *Addoc* fest:

> „L'étonnant, c'est que le travail de Claire Simon sur le son nous ramène justement à la réalité de sa relation avec ces enfants. Quand on voit son film, on a l'impression d'être invité par les enfants dans leur monde. Si elle s'était tenue au son technique, on serait resté à l'extérieur".[219]

Mitte der neunziger Jahre erfuhr der Dokumentarfilm erneut große Veränderungen durch die Einführung kleiner, digitaler Kameras sowie des Kabel- und Satellitenfernsehens, welches lokale Sender und eigenständige Dokumentarfilm-

---

[217] Hieraus resultieren auch neuere Ansätze für die Theorie des Dokumentarfilms. (Vgl. Catherine Bizern (Hg.), *Cinéma documentaire. Manières de faire, formes de pensée*. Addoc 1992-1996, 2002)

[218] Michael Hoare, *Addoc & Le documentaire français contemporain*, in: *La revue Documentaires*, Nr.14, 1999, S.93.

[219] Denis Gheerbrant, *Mise en scène de la parole*, in: Catherine Bizern (Hg.), *Cinéma documentaire. Manières de faire, formes de pensée*. Addoc 1992-1996, 2002, S.27.

sender hervorbrachte. Im Zuge dessen wurden und werden weiterhin viele Dokumentarfilme für das Fernsehen produziert.[220]

Mit den neunziger Jahren sei zugleich die vierte Ära des *direct* angebrochen, konstatiert René Prédal: „le cinéma du vécu, par opposition à l'imaginaire des histoires inventées".[221] Allerdings sei nur der harte Kern des *direct* erhalten geblieben – was Narration, Sichtweisen oder Ästhetik betrifft, so seien ein „éclatement total du direct", sowie „une fréquente transgression des frontières" im neueren Film zu verzeichnen. Letzterer konfrontiere sich ebenso mit der Vergangenheit, als dass er die Narration fiktionalisiere, konzeptualisiere, zerschneide und zusammenfüge „comme dans l'enthousiasme d'une seconde naissance". Aus diesem Grund sieht Prédal im neueren Dokumentarfilm auch „le seul authentique cinéma d'auteur par son invention formelle comme par sa primauté du regard".[222]

Die Vielzahl an Dokumentarfilmen die nach 1995 entstand und nicht nur im Fernsehen, sondern zum Teil erfolgreich im Kino lief, spricht dafür, dass das Reale weiterhin und in zunehmendem Maße repräsentiert und mithin inszeniert wird (vgl.3.1.).[223] Um daher mit den Worten von Leblanc zu schließen: „Il existe à chaque époque un „réel documentaire" qui cherche à présenter le réel visible pour la réalité-même. Les conventions changent mais l'entreprise demeure".[224]

---

[220] Wobei sehr schnell ein Ungleichgewicht in der Förderung der Filme festzustellen ist, da diejenigen für die „großen" Sender wesentlich mehr Unterstützung und Absatz finden als Filme für lokale- oder Themensender.

[221] René Prédal, *Le quatrième âge...*, in: *CinémAction*, Nr.76, 1995, S.16.

[222] Ebenda.

[223] Vgl. hierzu die Ausgabe *Réel! L'ardeur documentaire* der Zeitschrift *Cahiers du Cinéma*, Nr.594, 2004.

[224] Gérard Leblanc, *Scénarios du réel. information, régimes de visibilité*, Band 2, Paris 1997, S.190.

2. Die Fiktion nichtfiktionaler Film: Debatten der Filmtheorie

2.1. Die klassische Theorie: Ideologie und Realismus

2.1.1. Vertov und Grierson

In ihrem Aufsatz zur Dokumentarfilmtheorie weist Eva Hohenberger darauf hin, dass bisher kaum eine „Geschichte der Theorien des Dokumentarfilms" geschrieben wurde.[225] Dabei treffe Klaus Kreimeiers Argument, „Krisenzeiten sind Treibhäuser des Dokumentarfilms", nicht bloß auf die Prägung des Genrebegriffs zu:

> „Die russische Revolution, die Krise der westlichen Demokratien zwischen den Weltkriegen, die massenhafte Verbreitung des Fernsehens und schließlich die Digitalisierung der Bilder sind nicht nur „treibende" Faktoren für die Stilbildung dokumentarischer Filme gewesen, sondern ebenso für ihre Theorie".[226]

Hohenberger vermutet, dass gerade diese enge Verbindung von Theorie und Praxis im Dokumentarfilm eine Auseinandersetzung in der Filmwissenschaft, die sich seit den siebziger Jahren mit dem Genre beschäftigt, verhinderte. Die frühen Texte von Dziga Vertov und John Grierson wurden als „ideologieträchtige Rechtfertigungen dokumentarischer Praxis" abgetan und die Realismusproblematik, mit der sich spätere Filmtheoretiker wie Siegfried Kracauer und André Bazin auseinander setzten (vgl.2.1.2.), vorgezogen. Dabei sind Vertov und Grierson die ersten, die in den zwanziger und dreißiger Jahren „eine Begriffsbestimmung des Dokumentarfilms an einen spezifischen Wirklichkeitsbezug des Genres" binden.[227] Obwohl sie konträre ästhetische und politische Positionen vertreten, basieren beider Theorien auf dem in ökonomischer und ideologischer Hinsicht dominierenden Fiktionsfilm.

Die meisten Texte Vertovs, die zwischen 1922 und 1925 in dessen Filmzeitschrift *Kinoprawda* erscheinen, sind Pamphlete. In ihnen entwickelt er seine Idee vom „Film der Fakten" der von den *Kinoki*, den Ingenieuren des Films, in ei-

---

[225] Eva Hohenberger, *Dokumentarfilmtheorie*, in: ders. (Hg.), *Bilder des Wirklichen*, 1998, S.8. Zu den Ausnahmen zählen: Cauwenberge 1986, Blümlinger 1989, Paech 1991, Schillemanns 1995.
[226] Ebenda.
[227] Ebenda, S.9.

ner „Fabrik der Fakten" hergestellt wird. Vertovs Theorien entstehen nicht nur vor dem Hintergrund avantgardistischer Kunst- und Denkrichtungen wie Futurismus, Konstruktivismus oder Formalismus, sondern auch vor dem der russischen Revolution (vgl.1.1.3.). Diese Erfahrungen sind für ihn entscheidend und die Partizipation an der Revolution bedeutet nicht nur für ihn vor allem „eine Revolutionierung der künstlerischen Mittel, um mit den Umbrüchen der Realität selbst künstlerisch überhaupt Schritt halten zu können".[228] Für Vertov zählt der Fiktionsfilm, ästhetisch und ideologisch von bürgerlichen Theatertraditionen geprägt, zur alten, vorrevolutionären Welt.

Die faktografische Filmkunst die Vertov propagiert, bezieht sich dagegen auf die revolutionäre Gegenwart, gestaltet diese neu und repräsentiert sie auf eine zukunftsweisende Art. Die wesentlichen Faktoren hierfür sind das „Kameraauge" (*Kinoglaz*), die Montage, sowie das Prinzip des Intervalls. Die zentrale Aufgabe kommt dem *Kinoglaz* zu. Es entschlüsselt die für das menschliche Auge unsichtbare Welt und untersucht sie wissenschaftlich-experimentell „a) auf der Grundlage einer planmäßigen Fixierung von Lebensfakten auf Film und b) auf der Grundlage einer planmäßigen Organisation des auf Film fixierten dokumentarischen Filmmaterials".[229] Nach Hohenberger entwickele Vertov mit seiner Theorie eine „Begriffsbestimmung des Dokumentarfilms im Rahmen der Faktographie eines rationalen und konstruktiven Schreibens mit Fakten". Das dem Film seinen Rhythmus verleihende Intervall, eröffne dabei „wie ein Prisma eine neue Wahrnehmung der Wirklichkeit, so dass sich der Dokumentarfilm als künstlerisches Produkt selbst dann nicht transparent zur Realität verhält, wenn die einzelnen filmischen Fakten ontologisch an sie gebunden sind".[230]

Wie Vertov, so siedelt auch Grierson die Beziehung des Films zur Wirklichkeit in der Photographie an und spricht ebenso von Fakten. Dennoch verfolgt er andere Absichten. Während Vertov die Komplexität des Sozialen im Film widerspiegeln will, so liegt Grierson daran, es vereinfacht darzustellen, um es mit der gegenwärtigen Realität abzugleichen. Seine Theorie baut dabei auf der Position des amerikanischen Politologen Walter Lippmann zum modernen Verwaltungsstaat auf. Lippmann sieht darin vor, Massenkommunikationsmittel zu benutzen,

---

[228] Ebenda, S.10.
[229] Dziga Vertov, zitiert nach Eva Hohenberger, *Dokumentarfilmtheorie*, S.11.
[230] Ebenda, S.12.

um die Bürger an gesellschaftlichen Entscheidungsprozessen teilhaben zu lassen. Dementsprechend soll der Dokumentarfilm im Sinne Griersons den Bürger über soziale Kontexte informieren, um ihm eine Teilnahme zu ermöglichen.

Grierson nehme damit die Idee vom „Bildungs- und Erziehungsauftrag des öffentlich-rechtlichen Fernsehens" vorweg, konstatiert Hohenberger. Seine Definition des Dokumentarfilms als kreativer Umgang mit der gegenwärtigen Wirklichkeit („creative treatment of acuality", vgl.1.1.2.) sei jedoch relativ unspezifisch. In seinen *Grundsätzen des Dokumentarfilms* bezieht sich Grierson auf all jene Filme, die sich durch eine „schöpferische Gestaltung" des Themas von anderen abheben. Dieses müsse wie bei Wochenschauen oder Reportagen von aktuellem Wert sein. Aus diesem Grund lehnt Grierson auch Flahertys Filme, die „vorindustrielle Gesellschaften und „primitive" Konflikte zwischen Individuen und Naturgewalten" und nicht die komplexe, moderne Massengesellschaft darstellen, ab. Er bewundert Flaherty indes „für seine Fähigkeiten zur Dramatisierung, zur narrativen Darstellung seiner Stoffe, mit deren Hilfe sich auch noch die fremdesten Wirklichkeiten an die Erfahrungswelten der Zuschauer anschließen lassen".[231]

Durch Grierson werde der Dokumentarfilm einerseits als ein realistisches Genre definiert, „das seine gesellschaftliche Funktion in der Bildung von Öffentlichkeit und politischem Konsens gewinnt", konstatiert Hohenberger.[232] Die soziale Verantwortung des Dokumentarfilms mache aus ihm eine alternative Institution gegenüber dem „profitorientierten Spielfilm hollywoodscher Prägung". Andererseits werde er mit Grierson „als soziale Technik bis hin zur Propaganda instrumentalisiert", was sich gegen Vertovs Absicht richte, den Dokumentarfilm zur Erkenntnisgewinnung und nicht zu Wiedererkennungszwecken zu gebrauchen. Grierson verkehre dieses Vorhaben ins Gegenteil, so Hohenberger, denn ihm gehe es darum, „wahre" Ereignisse zu zeigen, wie sie sich an den Originalschauplätzen abgespielt haben *könnten* – der dokumentarische Film nähert sich bei ihm dem fiktionalen an.

Nach Brian Winston bestand Griersons Erfolg darin, „aus dieser unspezifischen Art nichtfiktionaler Filme DAS nichtfiktionale Genre zu machen und den Filmen gleichzeitig den Gebrauch bedeutsamer fiktionalisierender Dramatisie-

---

[231] Ebenda, S.14.
[232] Ebenda.

rungstechniken zuzugestehen".[233] Weder er noch Vertov sahen schließlich ihr Ziel darin, den Dokumentarfilm auf dessen „Teilhabe an der in ihm aufgehobenen Realität" hin zu perzipieren, wie es ab den fünfziger Jahren geschieht. Griersons Theorie „verantwortungsbewusster Propaganda" lief weniger auf den Ersatz von Realität, als vielmehr auf die Schaffung sozialer Werte hinaus und diejenige Vertovs auf eine Neuorganisation des Handelns in der Welt mit Hilfe eines technologisierten Blicks.

2.1.2. Kracauer und Bazin

> „Ce que nous appelons la réalité est un certain rapport entre les sensations et les souvenirs qui nous entourent simultanément, rapport que supprime une simple image cinématographique, laquelle s'éloigne par là d'autant plus vrai qu'elle prétend se borner à lui."
> (Marcel Proust)

Für Siegfried Kracauer, einen der Pioniere der deutschsprachigen Filmtheorie,[234] bildet Marcel Proust eine wichtige Referenz – gelang es diesem doch mit Hilfe seines photographischen Blicks, Realitätseindrücke in schriftlicher Form zu verewigen.[235] Die von Proust in seinem Romanwerk minutiös beschriebenen Erinnerungsbilder kommen der „ästhetischen Rettung" nahe, die Kracauer dem photographischen Bild zuschreibt. Der wesentliche Unterschied besteht jedoch darin, dass Proust seine Geschichte erst von ihrem Ende her erzählen kann, während das photographische Bild stets einen direkten Zeitbezug hat. In letzterem liege nach Kracauer eine Paradoxie, erklärt Gertrud Koch, da beim photographischen Bild gleichzeitig eine „verräumlichte Präsenz des abgelichteten Gegenstandes", sowie dessen „zeitliche Stillstellung im Moment der Aufnahme" entstehe.[236]

Dieses Phänomen illustriert Kracauer in einem frühen Essay zur Photographie anhand zweier Photos von einer und derselben Frau in verschiedenen Lebensphasen – auf dem einen ist sie als 24jährige Filmdiva zu sehen, auf dem an-

---

[233] Brian Winston, zitiert nach Eva Hohenberger, *Dokumentarfilmtheorie*, S.15.
[234] Da Kracauer im Exil lebte mussten die Schriften erst ins Deutsche übersetzt werden.
[235] Vgl. hierzu Siegfried Kracauer, *Geschichte – Vor den letzten Dingen*, in: ders., Schriften, Band 4, Hg. von Karsten Witte, Frankfurt/Main, 1971.
[236] Gertrud Koch, *Kracauer – Zur Einführung*, 1996, S.128.

deren als Großmutter.[237] Kracauer zufolge könne das Verständnis vom Zusammenhang der beiden Bilder nur aus der „mündlichen Tradition" heraus erfolgen. „Die Lesbarkeit der Photographie", erklärt Koch dessen Gedankengang, „das Erkennen ihrer Ähnlichkeit nimmt im Lauf der Zeit ab; was an ihr mit einem „Gruseln" erkannt wird, ist der Ablauf der unwiederbringlichen Zeit".[238] Anders als das Gedächtnis, das die beiden Bilder in der Erinnerung miteinander verbindet, kann die Photographie keinen „Sinn" zwischen ihnen herstellen. In genau dieser Differenz stecke aber eine Fähigkeit der Photographie, argumentiert Kracauer. Er verweist dazu auf den Austausch des Bildes mit der Natur, der eine „Reihe bildlicher Darstellungen" hervorgebracht habe, an dessen Anfang das Symbol und Ende die Photographie stehe. In letzterem erscheine das „Naturfundament selbst, ohne überlagerten Sinn", so Koch, und bereite damit die Möglichkeit zur Veränderung. Demnach zeichne sich die Photographie dadurch aus, dass sie einerseits als „Generalinventar der nicht weiter reduzierbaren Natur" oder „Sammelkatalog" fungiere und andererseits „den falschen Schein sinnhafter Geschichte" überwinde und in die „vom Menschen völlig unabhängig" existierende „Totenwelt" einführe, folgert Koch.[239]

Ähnlich verhält es sich nun mit dem Film, der „im wesentlichen eine Erweiterung der Photographie ist", wie Kracauer erklärt, „und daher mit diesem Medium eine ausgesprochene Affinität zur sichtbaren Welt um uns herum gemeinsam hat. Filme sind sich selber treu, wenn sie physische Realität wiedergeben und enthüllen".[240] Beim Film kommt jedoch eine Dimension hinzu: die Bewegung. Koch merkt an, dass damit die „Dynamisierung des Raumes" verbunden sei, „eben jenes Verrücken der Objekte, die in der Photographie unverrückbar festgehalten sind".[241]

In seiner *Theorie des Films*, die er im Jahr 1949 zu entwickeln beginnt,[242] geht Kracauer auf die Wahrnehmung von Bewegung im Film ein, indem er die Bezie-

---

237 Vgl. hierzu Siegfried Kracauer, *Die Photographie*, in: ders., Schriften, Band 5.2, Hg. von Inka Mülder-Bach, Frankfurt/Main, 1990, S.83.
238 Ebenda, S.129.
239 Gertrud Koch, *Kracauer – Zur Einführung*, S.132.
240 Siegfried Kracauer, *Theorie des Films*, in: ders., Schriften, Band 3, übers. von Friedrich Walter und Ruth Zellschan, Frankfurt/Main, S.11.
241 Gertrud Koch, *Kracauer – Zur Einführung*, S.133.
242 Erst 1960 erscheint die erste Ausgabe von *Theory of Film* in den USA, eine deutsche Übersetzung folgt 1964.

hung zwischen Körperlichem und Geistigem im Perzeptionsprozess darlegt.[243] Sein Hauptanliegen liegt aber in der Darstellung des „ästhetischen Grundprinzips" des Films, welches in seinem spezifischen Bezug zur physischen Welt liegt.[244] Aus diesem Grund baut seine Filmtheorie auch ganz auf die „Errettung der physischen Realität" auf, wie Untertitel und letztes Kapitel des Buches lauten. Zur Unterstützung seiner These zieht Kracauer darin eine Parallele zwischen dem Medium Film und dem Mythos der Medusa:

> „Unter allen existierenden Medien ist es allein das Kino, das in gewissem Sinne der Natur den Spiegel vorhält und damit die „Reflexion" von Ereignissen ermöglicht, die uns versteinern würden, träfen wir sie im wirklichen Leben an. Die Filmleinwand ist Athenes blanker Schild".[245]

Als Beispiel hierfür führt er KZ-Bilder, sowie Franjus Film *Le sang des bêtes* an (vgl.1.2.4.). Diese Bilder von geschundenen Menschenkörpern oder frisch geschlachteten Tieren würden den Zuschauer anlocken, „um seinem Gedächtnis das wahre Angesicht von Dingen einzuprägen, die zu furchtbar sind, als dass sie in der Realität wirklich gesehen werden könnten".[246] Dieser durch die Bilder evozierte Schockzustand erfülle einen doppelten Selbstzweck: einerseits animiere er zum Handeln und andererseits brenne er die Bilder ins Gedächtnis ein. Koch stellt fest, dass Kracauer mit seiner Auslegung „gar nicht so falsch" liege, seine theoretische Argumentation hier aber an eine „innere Grenze" stoße und zwar an die des „Primat des Optischen vor dem Begrifflichen, der Anschauung vor der Vermittlung".[247] Diese Begrenzung des Erfahrbaren auf das Sichtbare überwindet Kracauer allerdings in seinem letzten und auf die *Theorie des Films* folgenden Buch: *Geschichte – vor den letzten Dingen*. Darin erweitert er den Primat des Optischen „in die Errettung der Dingwelt durch ihre historiographische Benennung und Narrativisierung".[248] Damit hätte Kracauer erkannt, schließt

---

[243] „Der Weg führt vom „Körperlichen" aus, das Kino hilft, „uns von ‚unten' nach ‚oben' zu bewegen"", erklärt Koch Kracauers Ansatz. (vgl. Gertrud Koch, *Kracauer – Zur Einführung*, 1996, S.133ff.)

[244] Eine *formgebenden* Tendenz, wie etwa Rudolf Arnheim sie vertritt, erkennt er zwar an, misst ihr aber nicht die entscheidende Bedeutung zu.

[245] Siegfried Kracauer, *Theorie des Films*, S.395.

[246] Ebenda, S.396.

[247] Gertrud Koch, *Kracauer – Zur Einführung*, S.142.

[248] Ebenda, S.143.

Koch, dass die Welt der Dinge „die einzig wirkliche [ist], die es zu erretten gilt; das Optische ist das Medium, nicht die Sache selbst".

Ebenso wie die Theorie Kracauers enthält diejenige von André Bazin kein Plädoyer für den Dokumentarfilm. Sie stelle aber die vollständigste Arbeit der Nachkriegszeit zur Ästhetik des Realismus dar, bemerkt William Guynn in seinem Werk *A Cinema of Nonfiction*. Darin erklärt er weiter, dass im Zentrum der ontologisch-historischen Theorie von Bazin der Wunsch stehe, den Film generell von allen anderen *Sprachen* zu trennen und ihn an die Spitze aller abbildenden Künste zu stellen, da ihm die Möglichkeit zur Nachahmung des Realen innewohne.[249] In der Fähigkeit des Films, die Illusion von Wirklichkeit zu erzeugen, sieht Bazin eine natürliche Prädisposition zum Realismus, die er als „mythe du cinéma total" bezeichnet.[250] Dies wiederum basiere auf einer Ontologie des photographischen Bildes, die Bazin aber nur teilweise als abbildend ansehe, bemerkt Guynn. Eine Photographie wird nicht auf dieselbe Weise kadriert wie ein Gemälde, denn sie ist weder autonom noch stellt sie eine geschlossene Bedeutungseinheit dar. Aufgrund ihrer Ähnlichkeit zum Sichtbaren hat sie nicht nur ikonischen, sondern ebenso indexikalischen Charakter (vgl.2.2.1.). Die Photographie nimmt an der „Realität" teil, für die sie steht:

> „L'univers esthétique du peintre est hétérogène à l'univers qui l'entoure. Le cadre enclave un microcosme substantiellement et essentiellement différent. L'existence de l'objet photographié participe au contraire de l'existence du modèle comme une empreinte digitale".[251]

Damit unterscheide sich die abbildende Kunst in ihrer Beziehung zum Repräsentierten, „it has status of symbol, it is of the order of language", erklärt Guynn. Das photographische Bild hingegen hat eine notwendige Beziehung zum Referenten und bildet damit das beste historische Dokument, es ist unvermittelt, klar, objektiv. In dem Kapitel zur *Ontologie des photographischen Bildes* stellt Bazin zwischen photographischer Reproduktion und dem historischen Wunsch nach Duplikation einen Zusammenhang her. Die Errettung durch Abbildung sei, so Bazin, einer der wesentlichen Impulse in der Genese der Kunst. Guynn weist darauf hin, dass die von Bazin gewählte Metapher der Einbalsamierung von To-

---

[249] William Guynn, *A Cinema of Nonfiction*, 1990, S.29.
[250] André Bazin, *Qu'est-ce que le cinéma ?*, S.19-24.
[251] Ebenda,S.16.

ten von Bedeutung ist, da sie seine Absicht zeige, das photographische Bild nicht als Zeichen, sondern als Fetisch aufzufassen: die Photographie ist wie eine Mumie, ein Relikt, eine Erinnerung. Auf dieser Ebene der Fetischisierung könne sich der Betrachter das photographische Bild jedoch nie vollständig aneignen, ergänzt Guynn, da es eine quasi mystische Beziehung zum Realen unterhielte: „The photo-fetish is the substitute that gives us something like an unsymbolized access to the world of reference".[252]

In seiner Theorie argumentiert Bazin stets aus dem Bezug des Films zu seinem technischem Ursprung heraus. Die Kamera, das „photographische Auge", besitzt Objektivität, weil sich nichts zwischen ihr und die Wirklichkeit stellt:

> „Pour la première fois, entre l'objet initial et sa représentation, rien ne s'interpose qu'un autre objet. Pour la première fois, une image du monde extérieur se forme automatiquement sans intervention créatrice de l'homme".[253]

Das Kameraauge nimmt den Platz des menschlichen Auges ein, um eine wahre Repräsentation des Realen wiederzugeben. Bazins Theorie stützt sich auf einen „natürlichen" (noch nicht gestalteten) Zustand des Bildes und eine „natürliche" Inszenierung (die Tiefenschärfe). „Naturalismus" bedeutet für ihn dabei eine Annäherung an eine normale Sichtweise:

> „La profondeur de champ place le spectateur dans un rapport avec l'image plus proche de celui qu'il entretient avec la réalité. Il est donc juste de dire, qu'indépendamment du contenu même de l'image, sa structure est plus réaliste".[254]

Ein realistischer Diskurs beruht für Bazin auf der Annahme, dass nur eine „wahrheitsgetreue" Wiedergabe der sichtbaren Fakten die Wahrheit ans Licht bringen kann. Darin besteht nun die Fähigkeit des Films, betont Guynn: „it effaces the visibility of its intervention in order to dimish the difference between reality and representation".[255]

---

[252] William Guynn, *A Cinema of Nonfiction*, S.30f. An dieser Stelle verweist Guynn auf Roland Barthes für den, im Gegensatz zu Bazin, eine Repräsentation (in der Malerei, Literatur, im Theater oder Film) stets auf einem ausgewählten, das heißt determinierten Ausschnitt basiert und damit für sich selbst steht und eine ideale Bedeutung erreicht. (vgl. hierzu Roland Barthes, *Diderot, Brecht, Eisenstein*, in: ders., *Der entgegenkommende und der stumpfe Sinn. Kritische Essays III*, Frankfurt am Main 1990, 94-102.)
[253] André Bazin, *Qu'est-ce que le cinéma ?*, S.13.
[254] Ebenda, S.75.
[255] William Guynn, *A Cinema of Nonfiction*, S.31.

Bazin macht innerhalb der Filmgeschichte eine Richtung aus, die seinen Vorstellungen von einer „realistischen Inszenierung" entspricht. Diese verwirft den Expressionismus, der das Bild „vergewaltige", sowie jegliche Form von Montage, die gegen die Einheit von Raum und Handlung verstößt. Aufgrund ihrer „restraint, rigorous submission to reality" bezeichnet Guynn diese Richtung als „Jansenismus". Nach Bazin gehören ihr ebenso Erich von Stroheim und Friedrich Wilhelm Murnau wie Flaherty an:

> „Mais ces exemples suffisent peut-être à indiquer l'existence, en plein cœur du muet, d'un art cinématographique précisément contraire à celui qu'on identifie avec le cinéma par excellence; d'un langage dont l'unité sémantique et syntaxique n'est en aucune façon le plan; dans lequel l'image compte d'abord non pour ce qu'elle *ajoute* à la réalité mais pour ce qu'elle en *révèle*".[256]

In den Filmen dieser großen realistischen Regisseure spiegelt die Montage – in den Augen von Bazin ein notwendiges Übel – lediglich die Unmöglichkeit wieder, alles auf einmal erfassen zu können:

> „Le montage ne joue dans leurs films pratiquement aucun rôle, sinon celui, purement négatif, d'élimination inévitable dans une réalité trop abondante".[257]

Das erste Prinzip von Bazins Idee einer realistischen Inszenierung ist der Respekt vor der Zweideutigkeit des Realen. Als Beispiel führt er Flahertys Film *Nanook* an:

> „il serait inconcevable que la fameuse scène de la chasse au phoque de *Nanouk* ne nous montre pas, dans le même plan, le chasseur, le trou, puis le phoque. Mais il n'importe nullement que le reste de la séquence soit découpé au gré du metteur en scène. Il faut seulement que l'unité spatiale de l'événement soit respectée au moment où sa rupture transformerait la réalité en sa simple représentation imaginaire".[258]

In der gleichen Sequenz wird die Einheit von Zeit, die nur eine zerteilende Montage repräsentieren kann, durch das zufällige Zusammenfallen von Erzählzeit und erzählter Zeit wiederhergestellt:

> „Ce qui compte pour Flaherty devant Nanouk chassant le phoque, c'est le rapport entre Nanouk et l'animal, l'ampleur réelle de l'attente. Le montage pourrait suggérer le

---

[256] André Bazin, *Qu'est-ce que le cinéma ?*, S.67.
[257] Ebenda, S.66.
[258] Ebenda, S.59.

temps, Flaherty se borne à nous montrer l'attente, la durée de la chasse est la substance même de l'image, son véritable objet".[259]

Daraus ergibt sich, dass der ideale Film für Bazin in einer einzigen langen Einstellung besteht, wie er selbst verkündet: „On imaginerait assez bien, à la limite, un film de Stroheim composé d'un seul plan aussi long et aussi gros qu'on voudra". Für Bazin erklärt sich die Realität stets aus sich selbst heraus, dem Filmemacher kommt lediglich die Aufgabe zu, diese einzufangen. Einem Historiker gleich, muss er die der Wirklichkeit innewohnenden Strukturen und Vorgaben freilegen. Wie jene allerdings einzugrenzen sind bleibt fraglich, bemerkt Guynn. Auf diesen offensichtlichen Widerspruch in seiner Realimustheorie weiß Bazin jedoch eine Antwort:

> „Toute esthétique choisit forcément entre ce qui vaut d'être sauvé, perdu ou refusé, mais quand elle se propose essentiellement, comme le fait le cinéma, de créer l'illusion du réel, ce choix constitue sa contradiction fondamentale à la fois inacceptable et nécessaire. Nécessaire puisque l'art n'existe que par ce choix. Sans lui, à supposer que le cinéma total fût dès aujourd'hui techniquement possible, nous retournerions purement et simplement à la réalité. Inacceptable puisqu'il se fait en définitive aux dépens de cette réalité que le cinéma se propose de restituer intégralement".[260]

Die meisten Diskurse zum Dokumentarfilm folgen Bazins Gedanken zur Ontologie des Films, stellt Wilma Kiener fest, „denn auf diesem Gebiet ging es lange Zeit fast ausschließlich um die Themen Realismus, Objektivität und Wahrheit".[261] Aus dieser Vorgeschichte heraus erklärt sich auch, warum in der Dokumentarfilmtheorie „wie selbstverständlich immer wieder auf die für besonders eigenartig erachtete Beziehung von Film und Wirklichkeit" eingegangen wird. Fragestellungen nach der Repräsentation des Realen durch das photographische Bild, oder das Verhältnis von Dokumentarfilm und Wirklichkeit bestimmen die dokumentarfilmtheoretische Auseinandersetzung. Die Natur des Films ist aber eine zweifache, wie Dai Vaughan anmerkt: „the dual nature of film, [...] exists both as a record and as a language".[262] Jenen Aspekt des Films als Sprache überträgt jedoch erst die moderne Theorie auf den Dokumentarfilm.

---

[259] Ebenda, S.66.
[260] Ebenda, S.269f.
[261] Wilma Kiener, *Die Kunst des Erzählens*, in: *Close Up*, Band 12, 1999, S.63.
[262] Dai Vaughan, zitiert nach Wilma Kiener, *Die Kunst des Erzählens*, S.66.

2.2. Die moderne Theorie: Strukturalismus und Pragmatik

2.2.1. Semiotische Annäherungen

Mit dem (Fernseh-) Dokumentaristen Klaus Wildenhahn lasse sich die Dokumentarfilmtheorie „nicht mehr in der Abfolge einzelner Denker beschreiben, sondern als Zugriffsgeschichte auf Problematiken, die ihr sowohl die Geschichte des Gegenstands als auch die klassischen Theorien hinterlassen haben", erklärt Hohenberger.[263] Wildenhahn, der deutsche Vertreter des *cinéma direct*, „dessen Ideologie unvermittelter Realitätsabbildung er teilt", sei dabei noch den klassischen, *normativen* Theoretikern zuzuordnen. Mit seiner Theorie, die er Anfang der siebziger Jahre mit Berufung auf Vertov, Grierson und Joris Ivens „unter einer sozialkritischen Perspektive auf die Gegenwart" formuliert, sei Wildenhahn „der letzte und schon ungleichzeitige Vertreter einer „indigenen" Dokumentarfilmtheorie, die sich noch zugleich auf gesellschaftspolitische und ästhetische Fragen bezieht, während sie bereits von den ersten Ansätzen filmwissenschaftlicher Dokumentarfilmtheorie in Frage gestellt wird".[264]

Die moderne wissenschaftliche Auseinandersetzung mit dem Dokumentarfilm unterteilt Hohenberger einerseits in die *reflexiven* Theorien, die den Dokumentarfilm sowohl als historisches Genre, wie als Gattung mit spezifischem Wirklichkeitsbezug auffassen und andererseits in die *dekonstruktiven* Theorien, die den Status des Dokumentarfilms in Frage stellen.[265] Prominentester Vertreter der *reflexiven* Theorien sei Bill Nichols, der mit seinen zahlreichen Publikationen zumindest den Entwurf einer eigenständigen Dokumentarfilmtheorie – soweit dies innerhalb der Filmwissenschaft möglich ist – [266] für sich in Anspruch nehmen könne. Bereits 1976 postuliert Nichols in der Zeitschrift *Screen*:

---

[263] Eva Hohenberger, *Dokumentarfilmtheorie*, S.18.
[264] Ebenda, S.30.
[265] Vgl. Eva Hohenberger, *Dokumentarfilmtheorie*, S.29-32. Zu den *dekonstruktiven* Theorien merkt Hohenberger an, dass sie sich „genau in dem Augenblick zu formieren beginnen, in dem sich der Dokumentarfilm mit der Rhetorik des *cinéma direct* zur Rede des Realen selbst erklärt".
[266] Hohenberger u.a. zweifeln eine eigenständige Dokumentarfilmtheorie an, „begreift man die theoretische Auseinandersetzung mit dem Dokumentarfilm auch als Ergebnis eines fortdauernden Spezialisierungs- und Ausdifferenzierungsprozesses innerhalb der Filmwissenschaft". (Vgl. hierzu Eva Hohenberger, *Dokumentarfilmtheorie*, S.29-20)

„Wir müssen [..] die formale Struktur des Dokumentarfilms, seine Codes und Elemente untersuchen, um ihn neu zu sehen; und zwar nicht als eine Art Realität, die im Bernstein des fotografischen Bildes eingeschlossen ist à la Bazin, sondern als ein semiotisches System, das Bedeutung durch Entscheidungen zwischen Differenzen und durch eine fortlaufende Auswahl relevanter Einheiten erzeugt".[267]

Zu jener Zeit beschäftigt sich die Filmwissenschaft mit der Analyse des fiktionalen Films und seiner Zeichen. In einer ersten semiotischen Phase wird er dazu mit der natürlichen Sprache verglichen und als ein bedeutungstragendes, strukturiertes Gebilde aufgefasst. Untersucht wird sein komplexes, in einen Kommunikationsprozess eingebettetes Zeichensystem.[268] Zu unrecht wird davon ausgegangen, dass die Methoden der Filmsemiotik auf den Dokumentarfilm nicht übertragbar sind, wie der „Vater der Filmsemiologie", Christian Metz, selbst verlauten lässt:

„Es ist nicht sicher, dass eine autonome Semiologie der verschiedenen nichtnarrativen Genres möglich ist, außer in Form einer Reihe unzusammenhängender Bemerkungen, die die Unterschiede zu den ‚gewöhnlichen' Filmen aufzeigen".[269]

Metz rechtfertigt seine Begrenzung auf den Fiktionsfilm, „in dem er die übergeordnete Bedeutung der narrativen Fiktion für die gesamte Filmproduktion betont; aus diesem Grunde sei es methodisch notwendig, Spielfilme zu untersuchen", erklärt Sandra Schillemans.[270] Metz zufolge kann der Dokumentarfilm auf seine gesellschaftliche Funktion sowie seinen sozialen Inhalt hin, nicht aber eine spezifische kinematographische Sprache, analysiert werden. Nichols legt allerdings die systematische Natur des Dokumentarfilms dar und entwickelt ein zuschauerorientiertes Modell dokumentarischer Adressierungsweisen und Repräsentationsmodi (vgl.1.3.1.).[271]

---

[267] Bill Nichols, *Dokumentarfilm – Theorie und Praxis*, in: Eva Hohenberger (Hg.), *Bilder des Wirklichen*, S.165.
[268] Die Filmsemiotik definiert Film als eine „zeitlich organisierte Kombination von visuellen und audiovisuellen Zeichen, die über Bild und Schrift sowie Geräusch, Musik und Sprache spezifische filmische Bedeutungseinheiten, d.h. ikonisch-visuelle und tonale (auditive) Codes bilden" (Klaus Kanzog, *Filmphilologie*, 1991, S.22.)
[269] Christian Metz, *Semiologie des Films*, Wilhelm Fink Verlag, München 1972, S.132.
[270] Sandra Schillemans, *Die Vernachlässigung des Dokumentarfilms in der neueren Filmtheorie*, in: Manfred Hattendorf (Hg.): *Perspektiven des Dokumentarfilms*, 1995, S.14.
[271] Sein Modell überarbeitet und komplettiert Nichols im Laufe der Zeit. In seiner neuesten Forschungsarbeit *Representing Reality*, geht er soweit, eine *Hermeneutik des Dokumentarfilms* vorzuschlagen. (vgl. hierzu Manfred Hattendorf, *Dokumentarfilm und Authentizität*, S.33f)

Ab den siebziger Jahren und vor dem Hintergrund des abgewerteten Realismusbegriffs wird der Dokumentarfilm nun unter semiotischen Perspektiven als Text analysiert. Allein die Verwendung des „Textbegriffs" richte sich gegen die Verfechter des *cinéma direct* und ihrer „spontanen Philosophie" vom „Primat der Realität vor dem Film", konstatiert Hohenberger. Mit dem Textbegriff soll die Realität des Films selbst und nicht diejenige die er wiedergibt, in den Vordergrund treten. Seine Betrachtung als „Fenster zur Welt" soll abgelöst werden. „Doch das Interesse für das Gemachte am Dokumentarfilm, für „Adressierungsweisen" (Nichols 1975) und „Authentisierungsstrategien" (Hattendorf 1995, Beyerle 1996)", betont Hohenberger, „hat die Idee vom spezifisch dokumentarischen (Ab-)Bild nicht verdrängen können".[272] Die Problematik der *Ontologie des photographischen Bildes* kehre in semiotischer Perspektive „als Frage nach dem spezifisch ikonischen oder [...] indexikalischen Charakter der dokumentarischen Zeichen" zurück. Die Spezifik des Dokumentarischen bliebe unbeantwortet, kritisiert Hohenberger und verkündet:

> „Die aus der Subjektlosigkeit der photographischen Technik abgeleitete Authentizität filmischer Bilder, die eine privilegierte Referentialität des Dokumentarfilms begründen soll, gilt entweder für jedes filmische Bild oder für keines".[273]

Insofern sei den Realismustheoretikern Kracauer und Bazin darin zuzustimmen, zwischen fiktionalen und dokumentarischen Filmen nicht zu unterscheiden. Da die Frage nach einer spezifisch dokumentarischen Indexikalität weiterhin besteht, wird wieder auf die Bazinsche Metaphorik des Abdrucks zurückgegriffen. Allerdings werde sie nun „als Reaktion auf die Tendenz, fiktionale und dokumentarische Filme in eins zu setzen, im Sinne der (Toten-)Maske wiederaufgenommen".[274]

Die Tendenz, dokumentarische und fiktionale Filmen gleichzusetzen, entsteht auch bei der Analyse des Dokumentarfilms als Text. Beispielhaft hierfür ist Guynns „an der Metzschen „großen Syntagmatik" orientierte" Untersuchung der Filme *Nanook* und *Les Maîtres fous*.[275] Guynn gehe darin davon aus, so Hohenberger, dass „die Unterscheidung fiktionaler und dokumentarischer Diskursfor-

---

[272] Eva Hohenberger, *Dokumentarfilmtheorie*, S.21.
[273] Ebenda.
[274] Ebenda, S.22.
[275] Vgl. William Guynn, *A Cinema of Nonfiction*, S.57f und S.176ff.

men auf die Entstehung der historischen Wissenschaften im neunzehnten Jahrhundert sowie auf die Photographie rückzubeziehen sei und keinesfalls ontologisch zu begründen ist".[276] Seine Ablehnung jeglicher Ontologie des Dokumentarischen und die damit verbundene „Demontage eines bestimmten Begriffs vom Dokumentarfilm" mache ihn zu einem Vertreter der *dekonstruktiven* Theorien. Guynn zufolge behaupten Geschichtserzählung und Dokumentarfilm gleichermaßen, die Ordnung der Realität so zu zeigen wie sie sich selbst präsentiere, obwohl beide ihre Sinnhaftigkeit erst konstruieren:

> „Real events, which documentary films take as their referents, have no structure immanent within them. 'Pure' documents lack finality and meaning, the articulated sequence and the closure that characterize all narrative, in fact all discourse. Documentarists, like historians, endow their material with meaning through a discoursive act".[277]

Weder dem historischen Diskurs noch dem (narrativen) Dokumentarfilm geht eine vorherbestimmte Reihenfolge des Realen voraus. Bei beiden erscheint es lediglich so aufgrund ihrer grundsätzlichen „fiction making activity". Hohenberger leitet daraus ab, dass die „indexikalische Authentizität des Dokumentarischen ein diskursiver „Effekt" [ist] und keine kausale Ursache in der Realität [hat]".[278]

Der Begriff des Index, welcher in der neueren Theorie dem des Ikons vorgezogen wird, geht auf den Sprachwissenschaftler Charles Senders Peirce zurück.[279] Dieser vertritt innerhalb der Semiotik eine andere Richtung als Ferdinand de Saussure, auf den sich die Filmtheorie Metzscher Prägung beruft. Schillemans beklagt, dass lediglich eine Auseinandersetzung mit Peirces Unterteilung der Zeichen in ikonische, indexikalische und symbolische stattfinde, aber kaum versucht werde, „die Peirceschen Modelle auf den Film anzuwenden oder diese

---

[276] Eva Hohenberger, *Dokumentarfilmtheorie*, S.22.
[277] William Guynn, *A Cinema of Nonfiction*, S.133. Guynns Position widerspricht Leblancs Theorie von der Vorbestimmtheit einer Ordnung der Dinge, die von der filmischen Repräsentation lediglich wiedergegeben wird.
[278] Eva Hohenberger, *Dokumentarfilmtheorie*, S.22.
[279] Die Peircesche Semiotik versteht unter Index eine „Klasse von Zeichen, bei denen die Beziehung zwischen Zeichen und Bezeichnetem nicht auf Konvention (Symbol) oder Ähnlichkeit (Ikon) beruht, sondern durch kausale Verknüpfung aufgrund von Erfahrung hergestellt wird; so ist ein beschleunigter Puls ein Index für Fieber, Rauch ein indes oder Anzeichen für Feuer". (Hadumod Bußmann, *Lexikon der Sprachwissenschaft*, Stuttgart 1983, S.201.)

für die Filmanalyse fruchtbar zu machen".[280] Während die Peircesche Semiotik einen großen Einfluss auf bestimmte Bereiche (Literatur, visuelle Künste, Werbung), sowie auf die Textsemiotik ausübt, scheint die Filmtheorie davon fast unberührt und das obwohl „das triadische Zeichenmodell von Peirce und die Verankerung seiner Semiotik in der Philosophie, insbesondere in der Phänomenologie," wie Schillemanns betont, „ein völlig neues Verständnis von Film, von filmischen Zeichen und nicht zuletzt vom Dokumentarfilm [eröffnen]."[281]

So bestehe ein Vorteil der Peirceschen Semiotik darin, dass sie sich von vornherein nicht bloß auf ein einziges Untersuchungsfeld (Linguistik) beschränke, sondern eine universale Wissenschaft darstelle. Ein weiterer Vorteil ergäbe sich aus Peirces Definition des Zeichens. Für ihn ist ein Zeichen („Representamen") „alles, was etwas anderes (seinen Interpretanten) darauf festlegt, auf einen Gegenstand zu verweisen, auf den es selbst in der gleichen Weise verweist (seinen Gegenstand) wie der Interpretant seinerseits zu einem Zeichen wird und so weiter ad infinitum".[282] Damit differenziert Peirce zwischen Bedeutung und Referenz und verhindert eine Verwechslung zwischen dem Signifikat und der Referenz, wie sie häufig im Gefolge de Saussures geschieht.

Darüber hinaus sei eine Parallele zwischen der Interpretationsleistung, welche nach Peirce die Entstehung eines Zeichens erst ermöglicht, und der „sogenannten ‚pragmatischen Dimension' in der Semiopragmatik (wie z. B. das Verhältnis zwischen Zeichen und Zeichen-Benutzer und seines Kontextes)" unübersehbar (vgl.2.2.2.). Außerdem ist die semiotische Dimension des Dokumentarfilms offensichtlich, denn das dokumentarische Filmbild weist alle Kriterien eines Zeichens auf:

> „Dokumentarfilme bilden Gegenstände mit dem Ziel ab, Wissen und Information über
> sie zu vermitteln. Film, also auch Dokumentarfilm, verfügt über materielle Qualitäten

---

[280] Sandra Schillemans, *Die Vernachlässigung des Dokumentarfilms in der neueren Filmtheorie*, S.25. Eine Ausnahme bildet hier u.a. Gilles Deleuze, der Peirces Unterteilung der Zeichen in ikonische, indexikalische und symbolische gründlich untersucht hat. Deleuze unternimmt den Versuch einer Klassifizierung der für den Film relevanten Bilder und Zeichen. (Vgl. Gilles Deleuze, *Das Bewegungs-Bild, Kino I*, 1997.)
[281] Sandra Schillemans, *Die Vernachlässigung des Dokumentarfilms in der neueren Filmtheorie*, S.25.
[282] Charles S. Peirce, zitiert nach Sandra Schillemans, *Die Vernachlässigung des Dokumentarfilms in der neueren Filmtheorie*, S.26.

wie Schnitttechnik, Schärfentiefe, Kameraperspektive und -bewegungen etc.. Film entsteht erst im Augenblick der Projektion, also erst im Rezeptionsakt".[283]

Die Beziehung zwischen Gegenstand und Representamen macht das Filmbild schließlich zu einem indexikalischen Zeichen. In diesem Zusammenhang sei auf Philippe Dubois verwiesen, der sich in seinem Werk *L'acte photographique* auf Peirce und das indexikalische Wesen des photographischen Bildes bezieht.[284] Für Dubois ist „der Moment der Produktion (technische Modalitäten) ebenso wichtig wie der Moment der Rezeption", stellt Schillemans fest.[285] Mit dieser Position schließt Dubois sich der neueren Dokumentarfilmtheorie an, die davon ausgeht, dass das „mechanische Bild [nicht] außerhalb seines referentiellen Gefüges und seines pragmatischen Standpunktes" definiert werden kann.[286]

2.2.2. Richtungsweisende Ansätze

„Nicht zuletzt die unaufgelösten Widersprüche textorientierter Ansätze, die entweder dokumentarische mit fiktionalen Filmen gleichsetzen oder sich wie Nichols erneut in die spezifische Indexikalität seiner Zeichen zu retten versuchen, haben zunehmend dazu geführt, eine rein textuelle Sichtweise zugunsten einer pragmatischen aufzugeben".[287]

Der pragmatische Ansatz geht von der Annahme aus, dass der Dokumentarfilm nicht durch textuelle Verfahren vom Fiktionsfilm zu unterscheiden ist, sondern sich als ein Vertrag zwischen Zuschauer (Leser) und Film (Text) konstruiert. Nach Hattendorf kommt dieser Vertrag, das heißt „der Eindruck authentischer Realität", durch verschiedene Faktoren zustande: *textintern* produziert der Dokumentarfilm durch das Zusammenspiel von Bild-, Wort- und Tonkomponenten ein spezifisches *Aufmerksamkeitsfeld*, dem sich der Zuschauer *textextern* mit einer bestimmten *Rezeptionserwartung* (durch Kontextfaktoren wie Werbung, TV-Präsentation, Programmplätze usw.) zuwendet.[288]

---

[283] Ebenda, S.27.
[284] Vgl. Philippe Dubois, *L'acte photographique*, 1990, S.64f und 83.
[285] Sandra Schillemans, *Die Vernachlässigung des Dokumentarfilms in der neueren Filmtheorie*, S.27.
[286] Ebenda.
[287] Eva Hohenberger, *Dokumentarfilmtheorie*, S.25.
[288] Vgl. Manfred Hattendorf, *Dokumentarfilm und Authentizität*, S.58.

Diesen Vorgang bezeichnet Christof Decker als „soziale Praxis des Dokumentarfilms".[289] Denn durch den Austausch zwischen Zuschauer und Text, so Decker, werde der besondere Wirklichkeitsbezug des Dokumentarfilms, sein Bezug zur „sozialen Realität", eingelöst. Ein Dokumentarfilm wird also erst im Austausch und aufgrund außerfilmischen Wissens lesbar oder wie Hohenberger es formuliert:

> „Ohne Weltwissen einerseits und ohne Wissen um filmische (Genre-) Konventionen andererseits kann zwischen Spiel- und Dokumentarfilmen nicht unterschieden werden, erst recht nicht dort, wo auch Dokumentarfilme auf einem Plot beruhen, die Handlung ihrer Helden psychologisch motivieren und ein raum-zeitliches Kontinuum schaffen".[290]

Die Fragestellung der Pragmatik lautet daher nicht „*was* ist ein Dokumentarfilm?", sondern, in Anlehnung an Nelson Goodmans Frage „when is art?",[291] „*wann* ist ein Dokumentarfilm?".

Roger Odin, prominentester Vertreter der Semiopragmatik, erreicht durch die Einführung des Begriff der „dokumentarisierenden Lektüre" die Auflösung starrer Gattungszuschreibungen.[292] „Warum", fragt er, „wird *Man of Aran* selbst dann immer noch als Dokumentarfilm gelesen, wenn keine der Freiheiten übersehen wird, die sich R. Flaherty in bezug auf die Realität des alltäglichen Lebens der Fischer und Bauern dieser Insel herausnimmt?".[293] Es liegt nicht an der Realität des Dargestellten, sondern an einer „präsupponierten Realität des Enunziators", lautet Odins Antwort.

Bei der dokumentarisierenden Lektüre konstruiert der Zuschauer (Leser) – im Unterschied zur „fiktivisierenden Lektüre"[294] – eine für den Diskurs verantwortliche Instanz: den Enunziator. Dieser sei nicht unbedingt personenbezogen,

---

[289] Christof Decker, *Die soziale Praxis des Dokumentarfilms*, in: montage/av, 7/2/1998, S.46.
[290] Eva Hohenberger, *Dokumentarfilmtheorie*, S.25.
[291] Nelson Goodman, zitiert nach Manfred Hattendorf, *Dokumentarfilm und Authentizität*, S.42.
[292] Keins der wenigen Dokumentarfilmgeschichtswerke kommt ohne normative Bestimmungen des Genres aus.
[293] Roger Odin, *Dokumentarischer Film – dokumentarisierende Lektüre*, in: Eva Hohenberger (Hg.), *Bilder des Wirklichen,* 1998, 290.
[294] Odin spricht von *fiktivisierender* und nicht von *fiktionalisierender* Lektüre. Die Begriffe sind ihm zufolge nicht deckungsgleich: „Jede fiktionalisierende Lektüre ist fiktivisierend, aber nicht umgekehrt. Anders gesagt: Der Prozess der Fiktionalisierung ist komplexer als die Fiktivisierung, den er integriert". (Roger Odin, *Dokumentarischer Film – dokumentarisierende Lektüre*, S.302f)

sondern könne alles sein, was für einen Aspekt des Films verantwortlich zeichnet, stellt Dirk Eitzen in seinem Aufsatz *Wann ist ein Dokumentarfilm?* fest. Als Beispiel führt letzterer das Monument Valley an, welches als Enunziator eines Westerns fungieren kann, „wenn anzunehmen ist, dass die Landschaft den Film in signifikanter Weise mitbestimmt".[295] Ebenso können „historische Ereignisse, gesellschaftliche Zustände, die Kameraarbeit, eine öffentliche Institution oder ein Erzähler" Enunziatoren einer dokumentarisierenden Lektüre sein.

Der Lektüremodus erweist sich demnach als unabhängig von der Textsorte – im Prinzip könnte jeder Film dokumentarisierend gelesen werden. Odin fasst nun alle Filme, die den Zuschauer textintern (Vorspann, Titel) und/oder textextern (Plakate, Werbung) anweisen, auf den dokumentarisierenden Lektüremodus umzuschalten, unter dem Sammelbegriff „dokumentarisches Ensemble" zusammen. Damit meint er letztlich alle nichtfiktionalen Filme, die im alltäglichen Sprachgebrauch als dokumentarisch angesehen werden. Hattendorf hält den Terminus des „dokumentarischen Ensembles" in der Praxis für wenig hilfreich und schlägt vor, „von dokumentarischen Formen zu sprechen [...] oder aber spezifische dokumentarische Filme, Genres etc. beschreibend näher zu präzisieren".[296] Doch sowohl Hattendorfs Vorschlag als auch Odins Definition des „dokumentarischen Ensembles" stellen laut Eitzen den Versuch dar, die dokumentarisierende Lektüre auf bestimmte Filme einzugrenzen, wodurch erneut die Gattungsproblematik des Dokumentarfilms entsteht, welche mit dem Konzept der dokumentarisierenden Lektüre geschickt umgangen wird.

Odins Modell weist darüber hinaus einige Lücken auf. So geht es noch nicht auf die Frage nach dem historischen Vorwissen der Zuschauer ein, wie Heinz-B. Heller anmerkt:

> „Unreflektiert bleibt, dass die [...] dokumentarisierenden Lektüre-Anweisungen sich in hohem Maße Konventionen verdanken, dass sie medienhistorische Gebrauchsspuren verraten und zugleich bei Produzenten wie Rezipienten ein mediales Wissen um eben diesen Gebrauch voraussetzen".[297]

Ein Dokumentarfilm wird zu unterschiedlichen Zeiten und von verschiedenen Rezipienten unterschiedlich perzipiert (gelesen). Aus diesem Grund wird in

---

[295] Dirk Eitzen, *Wann ist ein Dokumentarfilm?*, in: montage/av, 7/2/1998, S.41.
[296] Manfred Hattendorf, *Dokumentarfilm und Authentizität*, S.42f.
[297] Heinz-B. Heller, zitiert nach Manfred Hattendorf, *Dokumentarfilm und Authentizität*, S.40.

der neueren Theorie den pragmatischen *und* den historischen Bedingungen dokumentarischer Rezeption nachgegangen. Die Begriffsbestimmung des Dokumentarfilms lautet daher: er ist, als was er erkannt wird. Diese tautologische Formulierung, die auf Andrew Tudors Genredefinition zurückgeht,[298] macht deutlich, dass „für die Erklärung des Wandels von Ansprachenormen, Indextypen oder Zuschauererwartungen die Modelle fehlen", wie wiederum Decker konstatiert. Letzterer warnt gleichzeitig vor vereinfachenden Ansätzen, „die versuchen, *den* Dokumentarfilm auf *ein* Erkennungsmerkmal zurückzuführen".[299] Hierzu zähle der Ansatz von Eitzen, der mit Hilfe der Frage „Könnte das gelogen sein?" zu klären versucht, *wann genau* ein Film wie ein Dokumentarfilm funktioniert. Diesen Ansatz formuliert Eitzen folgendermaßen:

> „Es kommt nicht darauf an, ob [eine] Szene Behauptungen oder Argumente aufstellt. Es kommt nicht darauf an, ob sie „die Wahrheit sagt" oder nicht. Es kommt darauf an, ob sie in einer Weise wahrgenommen wird, dass die Frage *„Könnte das gelogen sein?"* Sinn macht. Ich schlage hiermit vor, dass es die Anwendbarkeit [dieser] Frage ist, die Dokumentarfilme und nichtfiktionale Formen im allgemeinen von fiktionalen Formen unterscheidet".[300]

Mit dieser Herangehensweise versuche Eitzen eine der Grundannahmen Nichols' zu revidieren, die besagt, dass „der Dokumentarfilm primär ein argumentatives Genre sei", kritisiert Decker den Ansatz von Eitzen.[301] Sein Gedankengang beinhalte einen logischen Widerspruch, „denn wie kann die Frage, ob ein Film lügt, prinzipiell gestellt werden, wenn dieser Film nicht zuvor eine Reihe von Annahmen oder Behauptungen vorgebracht hat, auf die sich diese Frage sinnvollerweise beziehen ließe?".[302]

Decker bezeichnet Eitzens Postulat daher als einen „theoretischen Kurzschluss" und weist darauf hin, dass mit der Frage nach der Lüge letztlich nur das Argument nach dem Wahrheitsanspruch des Dokumentarfilms in sein Gegenteil verkehrt werde. Prinzipiell sei der Anstoß von Eitzen, „die Bedeutung der Rezeption für das Genre genauer zu bestimmen", zwar zu begrüßen, jedoch blieben

---

[298] Nach Tudor ist ein Genre „what we collectively believe it to be" – womit er die Bedeutung von kulturellen und historischen Kontexten bei der Auseinandersetzung mit Film betont. (Andrew Tudor, *Genre*, in: Barry Keith Grant (Hg.), *Film Genre Reader*, 1986, S.7).
[299] Christof Decker, *Die soziale Praxis des Dokumentarfilms*, S.53.
[300] Dirk Eitzen, *Wann ist ein Dokumentarfilm?*, S.26.
[301] Christof Decker, *Die soziale Praxis des Dokumentarfilms*, S.47.
[302] Ebenda, S.49.

die wesentlichen Fragen zum „Austausch von Zuschauererwartung und Text-strukturen", sowie zu den historischen Bedingungen dieser Erwartungshaltun-gen unbeantwortet. Eitzens Thesen würden nicht über bisherige Ansätze, wie die von Nichols und Carl Platinga, auf die er sich bezieht, hinausgehen.

Doch nicht nur der Ansatz von Eitzen weise laut Decker Vereinfachungen und Verallgemeinerungen auf, sondern die Theoriediskussion allgemein. Oftmals würden „aus vereinzelten Beispielen globale Kategorien oder Annahmen" abge-leitet. Sinnvoller erscheint es Decker, „filmwissenschaftliche Fragen konkreter auf spezifische Ausprägungen des Genres (mit ihren jeweiligen institutionellen und sozialen Bedingungen) zu beziehen und nicht die ganze Palette von Formen unter totalisierende, oftmals wenig aussagekräftige Kriterien [wie die Frage nach der Lüge] zu subsumieren".[303] Decker betont noch einmal die Bedeutung der dokumentarischen Lesart, die mit dem sowohl kultur- und kontextspezifi-schen als auch historisch wandelbaren *Vorverständnis* der Zuschauer verbunden ist. Aus diesem Grund sollte die theoretische Diskussion nicht Fragen der Klassi-fizierbarkeit nachgehen, wie Eitzen vorschlägt, sondern jenen „Debatten, Inter-ventionen und Diskursen, die die Filme kontextspezifisch auszulösen imstande sind bzw. in denen ihnen ein dokumentarischer Charakter zugesprochen wird".[304] Nicht Klassifizierungsversuche, sondern die „Transformation von Kommunikations*prozessen*" sollte von zentralem Interesse sein, argumentiert Decker und plädiert für eine historische, rezeptionsorientierte Forschung. Diese soll neben rezeptionsästhetischen Fragen auch solche nach dem Rezeptions-raum berücksichtigen, das heißt, *wo* und zu welchen Bedingungen ein Film *wie* perzipiert wurde.

Viele weitere Fragestellungen, zum Beispiel nach der Öffentlichkeit und so-zialen Funktion des Dokumentarfilms, sind im Rahmen einer solchen histori-schen Rezeptionsforschung denkbar. In jedem Fall aber sollte das gemeinsame Ziel darin bestehen, „mit der Historisierung von „Leseformen" und -inhalten" den Wandel der sozialen Praxis des Dokumentarfilms zu bestimmen. Decker fol-gert daher:

> „Inwiefern mit dieser Praxis eine besondere Qualität der ästhetischen und intersub-jektiven Erfahrung verbunden war und in welcher Form diese sich historisch entfaltet

---

[303] Ebenda, S.53f.
[304] Ebenda, S.58.

hat, kann erst anhand der Rezeptionskontexte ersichtlich werden, die sich auf die spezifischen Vertragsbedingungen des Dokumentarfilms in der Vergangenheit eingelas-
sen haben und weiterhin einlassen".[305]

Deckers Position gibt nicht nur den Forschungsstand der neueren Dokumentarfilmtheorie wider, sondern zeigt vor allem, dass alle Ansätze, die aus dem
Wirklichkeitsbezug des Dokumentarfilms eine spezifische Qualität gewinnen
wollen, obsolet sind. Wie Hohenberger festgestellt hat, trifft die indexikalische
Beziehung zwischen filmischem Zeichen und außerfilmischem Referenten auf alle photographischen Bilder zu und kann somit ein filmisches Genre nicht begründen. Die digitale Manipulierbarkeit der Bilder macht zudem eindeutige Zu-
ordnungen von Original und Bild unmöglich. Der Status, den der Zuschauer dem
filmischen Text zuschreibt, ist daher von zentraler Bedeutung in der Dokumen-
tarfilmdebatte. Diesen gilt es, ausgehend von der begrifflichen und theoretischen
Grundlage der Pragmatik, zu untersuchen.

---

[305] Ebenda, S.60.

3. Perzeption des französischen Dokumentarfilms im digitalen Zeitalter

3.1. Repräsentations- und Inszenierungsstrategien des neueren Films
3.1.1. Zur Filmauswahl und Analyse

„Constamment, le documentariste est conduit à interroger la réalité même de ce qu'il filme, les effets de vérité, de mise en scène, de fiction, de leurre, qui viennent à sa rencontre; constamment, il est amené à définir des stratégies de relation à ceux qu'il filme".[306]

Dieser von Comolli skizzierte reflexive Umgang des Dokumentarfilmers mit dem Material (die soziale Realität) während des Entstehungsprozesses eines Films soll in den im folgendenden analysierten Filmen herausgearbeitet werden. Während *Les Glaneurs et la Glaneuse* (*Die Sammler und die Sammlerin*, 2000) von Agnès Varda die Frage nach der Beziehung des Filmemachers zur (vorfilmischen) Realität direkt thematisiert – Varda, die in dem Film vor wie hinter der Kamera agiert, kommentiert jede Handlung, jeden Schritt den sie vornimmt –, so wird die Problematik in den Filmen *Être et avoir* (*Sein und Haben*, 2002) von Nicholas Philibert und *La vie de Mimi* (*Mimi*, 2003) von Claire Simon nicht textintern angesprochen.

Der unterschiedliche Umgang der drei Filme mit der sozialen Realität spiegelt die Vielfalt des neueren französischen Dokumentarfilms wider. Obwohl sie „dasselbe" Ausgangsmaterial verwenden und in etwa im selben Zeitraum entstanden sind, könnten sie in ihren Ergebnissen nicht konträrer sein. Anderseits gehören alle drei Filme der Kategorie *documentaire de création* an (vgl.1.3.3.) und liefen mehr oder weniger erfolgreich im Kino – wobei *Être et avoir* mit über einer Million Besuchern nach nur sieben Wochen Laufzeit eine besondere Stellung einnimmt.[307]

---

[306] Jean-Louis Comolli, *Manières de faire, formes de pensée*, in: Catherine Bizern (Hg.), *Cinéma documentaire. Manières de faire, formes de pensée*. Addoc 1992-1996, 2002, S.17.

[307] Die Zeitschrift *Cahiers du Cinéma* schreibt hierzu: „Pour la première fois en France, un documentaire non animalier dépasse (en sept semaines d'exploitation) la barre du million de spectateurs en salles. *Être et avoir* reste loin des poissons de Cousteau [*Le Monde du silence* (1955), Jacques-Yves Cousteau, 4 640 159 d'entrées] ou des insectes et volatiles de Perrin [*Le peuple migrateur* (2001), Jacques Perrin, 2 731 671 d'entrées], mais il fait oublier la déception, parmi d'autres, de 1974, *une partie de campagne* de Raymond Depardon (8500 spectateurs

Alain Flageul schlägt in seinem Aufsatz *Bons et mauvais genres* vor, die Kategorie des *documentaire de création* prinzipiell in zwei weitere Bereiche zu unterteilen: einerseits in den „militanten Dokumentarfilm" („documentaire de création militant"), der das Reale benutzen und möglicherweise absichtlich verdrehen würde, um seine These zu stützen (oder unbewusst, was fast noch schlimmer wäre) und andererseits in den „idealistischen Dokumentarfilm" („documentaire de création idéaliste"), dessen Ziel einzig der Wahrheitsfindung diene.[308] Wenn diese Unterteilung auch angezweifelt werden kann, so schafft sie dennoch eine klare Trennlinie zwischen Filmen, die eine Modellierung der Realität „zugeben" und sogar verteidigen und denjenigen, die dies konsequent ablehnen beziehungsweise bestreiten.

Da es im folgenden vor allem um Strategien zur Inszenierung des Realen gehen soll, also um jene bewusste Aneignung und „verzerrte" Wiedergabe der Realität durch den Dokumentarfilmer, ist ausschließlich die erste Kategorie von Belang. Die hier analysierten Filme können dieser zugeordnet werden. Der zweiten Kategorie, dem *documentaire de création idéaliste*, würden die Filme Raymond Depardons entsprechen (vgl.1.3.3.). In Form und Aufbau „einfacher" gehalten, bieten sie, im Vergleich zu den komplex strukturierten Filmen von Varda, Philibert und Simon, wenig Material zur Analyse von Inszenierungsstrategien. Ein anderer Punkt, der alle Filme wiederum vereint, ist der ihnen innewohnende anthropologische Blick. Hier wie dort wird der Mensch in seiner sozialen Wirklichkeit (die moderne französische Gesellschaft) repräsentiert. Bei der Betrachtung dieses Aspekts spielt der Rahmen des Sujets – Ort und Situation der Repräsentation – keine Rolle. Von Bedeutung ist, dass der Mensch im Zentrum steht oder wie Varda es formuliert:

> „Au cinéma, j'essaye de faire passer mon amour pour les gens et la façon dont chacun existe. J'éprouve un véritable intérêt à m'approcher d'eux...".[309]

---

seulement)" (*Cahiers du Cinéma*, Nr.573, 2002, S.14.). *Être et avoir* bleibt demnach weit hinter Tierdokumentationen zurück, führt aber die Reihe der neueren, anthropologisch orientierten Dokumentarfilme an, zu denen auch *Les Glaneurs et la Glaneuse* (107 718 Besucher) und *Mimi* (ca.12 300 Besucher) zählen. (Vgl. hierzu auch www.lefilmfrancais.com)

[308] Vgl. Alain Flageul, *Bons et mauvais genres*, in: *Dossiers de l'audiovisuel*, Nr.109, 2003, S.13.

[309] Agnès Varda, zitiert nach Colette Milon, *La cinécriture d'Agnès Varda: „Je ne filme jamais des gens que je n'aime pas"*, in: *CinémAction*, Nr.41, 1981, S.133.

Darüber hinaus sind mit den gewählten Filmemachern zwei Generationen vertreten: auf der einen Seite Agnès Varda, die mit ihrem ersten Film *La pointe courte* (1954) als „Großmutter der Nouvelle Vague" bezeichnet werden kann;[310] auf der anderen Seite Nicholas Philibert und Claire Simon, die den Aufschwung des Dokumentarfilms in den achtziger Jahren nutzen und sich als anerkannte Dokumentarfilmer etablieren konnten.[311] Letztere konzipieren ihre Filme zudem oftmals in dem selben Produktionshaus, *Les Films d'ici,* gemeinsam mit weiteren Filmemachern ihrer Generation wie Denis Gheerbrant, Bernard Mangiante oder Richard Dindo. Varda hingegen, die mit *Ciné-Tamaris* ihre eigene Produktionsfirma besitzt, gehört bereits einer älteren Generation an, welche die andere beeinflusst hat, wie Philibert zu verstehen gibt:

> „Je crois que ce que nous [les documentaristes des Films d'ici] partageons tous, c'est une même foi dans le cinéma, et une même volonté d'appréhender le documentaire comme tel. Mais cette conviction n'est pas propre aux Films d'ici, même si ses responsables, Richard [Copans] et Serge [Lalou], la partagent avec nous... d'autant plus qu'ils sont cinéastes eux-mêmes! Il y a aussi une tradition française dont nous sommes les héritiers: Jean Rouch, Ophuls, Agnès Varda, Depardon...".[312]

Vor diesem Hintergrund scheint es sinnvoll, mit der Analyse von Vardas Werk, *Les Glaneurs et la glaneuse,* zu beginnen und anschließend auf die Filme *Être et avoir* und *La vie de Mimi* einzugehen. Neben Fragestellungen zur Repräsentation und Inszenierung des Ausgangsmaterials, sowie zur Perzeption (Lesart) der Filme, soll dabei auch Merkmalen eines Autorenkinos, wie René Prédal es dem neueren Dokumentarfilm zuschreibt (vgl.1.3.3.), nachgegangen werden.

---

[310] Vgl. hierzu Agnès Varda, *Agnès Varda,* in: Lisières, Nr.13, 2001, S.15.

[311] Vgl. hierzu auch das Streitgespräch zwischen Jean-Marie Barbe, Marie-Pierre Duhamel-Müller, Thierry Garrel und Jean-Pierre Rehm, *Le nouveau désordre documentaire,* in: *Cahiers du Cinéma,* Nr.594, 2004, S.16-20.

[312] Nicolas Philibert, *Entretiens avec Nicolas Philibert,* in: Images, Nr.45/46, 2002, S.38.

3.1.1.1. Das digitale Auge oder wer beobachtet wen in *Les Glaneurs*?

„Die Dinge versprechen dem Sammler einen magischen Schutz vor der eigenen Vergänglichkeit und nehmen doch nur diese vorweg, indem sie ihn zum Diener der Dinge,
und damit letztlich ihn selbst zum Ding macht."   (Christoph Asendorf)

„Chez Agnès Varda", bemerkt Jean-Paul Colleyn, „le documentaire nourrit la
fiction et inversement. Sans considérer le premier comme la forme mineure du
second, elle passe avec grâce d'un genre à l'autre, en s'attachant parfois à brouil-
ler les pistes".[313] Diese Bemerkung trifft auf das Gesamtwerk Vardas zu. Von ihrem ersten Film an neigt die Filmemacherin dazu, fiktionale und dokumentarische Elemente miteinander zu vermischen:

> „Je suis à la fois émerveillée et tiraillée et par la fiction et par le documentaire. Je ne
> cesse de passer du réel à l'imaginaire, et de l'imaginaire au réel, je suis dans les
> deux".[314]

Von ihrem Wissen um die Unmöglichkeit, „die Wirklichkeit, so wie sie ist" im
Sinne der Brüder Lumière abzubilden und ihrer daraus resultierenden Ablehnung des Begriffs *cinéma vérité* (vgl.1.3.3.), zeugt der doppeldeutige Titel einer
ihrer Filme: *Documenteur* (1981).[315] *Documenteur* ist als eine Art „Zwillingsfilm"
zu *Mur murs* (1980) konzipiert.[316] Die Thematik beider Filme fasst Serge Daney
folgendermaßen zusammen:

> „Die eine [Geschichte] ist ein Dokument über L.A.'s bemalte Mauern (*Murals* genannt),
> ein Zeugnis der amerikanischen Kunst, mit der Stadt zu leben. Und die andere der An-
> satz zu einem Spielfilm, in dem eine (plötzlich) einsam gewordene Frau und ihr klei-
> ner Junge in einer Stadt umherirren, die nicht die ihre ist, weil sie Franzosen sind".[317]

Der spöttische Unterton der Daneys Zusammenfassung zu entnehmen ist und
seine gesamte Kritik der beiden Filme durchzieht, rührt von eben jenem Konzept

---

[313] Jean-Paul Colleyn, *Le regard documentaire*, S.57.
[314] Agnès Varda, *Agnès Varda*, in: Claire Devarrieux/ Marie-Christine de Navacelle (Hg.), *Cinéma du réel*, Paris 1988, S.47.
[315] Der Titel ist ein Wortspiel bestehend aus „documentaire" (Dokumentarfilm) und „men-
teur" (Lügner).
[316] Der Titel ist ein Wortspiel: einerseits aus „Mauer Mauern", andererseits bedeutet „le mur-
mure" das Murmeln.
[317] Serge Daney, *Mur murs und Documenteur von Agnès Varda*, in: Christa Blümlinger (Hg.),
Serge Daney – von der Welt ins Bild, Berlin 2000, S.115.

her, das Varda verfolgt und dem Daney skeptisch gegenübersteht: die Vermischung von Imaginärem und Realem. Laut Daney würden sich zwar „alle guten „Dokumentaristen" [...] irgendwo zwischen Fiktion und Dokumentarfilm in der Zone des Virtuellen" situieren, Varda aber könne mit dem narrativen Film prinzipiell nicht umgehen, sie sei „darin nicht mehr „zu Hause" als die junge Frau aus *Documenteur* in Los Angeles".[318] In jenem Film versucht Varda, die Figur der einsamen Frau mit dokumentarischen Aufnahmen des städtischen Alltags von Los Angeles zu verbinden:

> „J'ai infiltré des images documentaires pour faire sentir ce qu'elle éprouve et qu'elle ne dit pas, car comment faire sentir la solitude le silence le non-dit? C'est difficile. J'ai utilisé le mieux que j'ai pu ces images volées à la réalité qui me semblaient extrêmement fortes".[319]

Ob diese Verbindung als gelungen anzusehen ist oder nicht, *Documenteur* erweist sich dadurch in jedem Fall als ein Fiktionsfilm mit dokumentarischen Elementen. Auf der anderen Seite ist *Mur murs* ein Dokumentarfilm der fiktionale Elemente enthält:

> „L'un était l'ombre de l'autre. Le vrai documentaire – *Mur murs* –, je l'ai filmé comme une fiction, avec luxe. Des travellings, des moyens techniques propres à la fiction, et une construction conçue de telle façon que les personnages des murals de Los Angeles deviennent des personnages de fiction".[320]

Der Gebrauch technischer Mittel des Fiktionsfilms (wie Kamerafahrten) bei der dokumentarischen Aufnahme soll den Zuschauer davon abbringen, die Produktionsseite eines Films über zu bewerten: „Pour qu'on arrête de designer un film par „énorme décor, star extraordinaire, budget mirifique, etc".[321]

Mit ihrem Konzept, das Imaginäre mit dem Realen zu verbinden, stellt Varda keinen Einzelfall dar. Wie Christa Blümlinger in ihrem Aufsatz *Blick auf das Bilder-Machen – Zur Reflexivität im dokumentarischen Film* konstatiert, hat es unterschiedliche Versuche hierzu gegeben. Als Beispiel führt Blümlinger den Film *Annie Hall* (1977) von Woody Allen an, in dem sich letzterer alias Alvy Singer direkt an den Zuschauer wendet und ihm erklärt, dass selbst die realistischen Sze-

---

[318] Ebenda, S.114f.
[319] Agnès Varda, *Agnès Varda*, in: Lisières, S.18.
[320] Agnès Varda, zitiert nach Colette Milon, *La cinécriture d'Agnès Varda*, S.134.
[321] Ebenda.

nen des Films fiktiven Ursprungs sind. „Der Film ist nur ein Spiel zwischen Realem und Imaginärem", erklärt Blümlinger, „Immer wieder hört der Schauspieler auf, Alvy Singer zu sein, um im Namen Woody Allens zu sprechen – er tauscht seine realistische Fiktion gegen eine fiktive Realität".[322] Solche Methoden seien im Fiktionsfilm weit verbreitet. Filmen wie *Zelig* (1983) von Woody Allen oder eben Vardas *Documenteur* gelinge es, „mit dokumentarischen Stilen zu spielen, ohne sich ihres fiktionalen Charakters zu entledigen, ja gerade dadurch diesen erst hervorzuheben".[323]

Der umgekehrte Versuch sei jedoch recht selten unternommen worden, denn „der dokumentarische Film entbehrte in weiten Bereichen eben gerade seines Authentizitätsanspruchs wegen eines reflexiven Bilderdiskurses".[324] Blümlinger plädiert nun dafür, dass insbesondere im nichtfiktionalen Film „die Mechanismen der Bedeutungsproduktion in ihren ökonomischen, politischen und kulturellen Strukturen und Ideologien" dargelegt werden sollen, um die vorfilmische Realität für den Zuschauer nachprüfbar zu machen. Durch das Mittel der *Reflexivität* im Film soll der „Prozess der Produktion von Aussagen über die Welt" nachvollziehbar werden.[325] Mit dieser Forderung geht Blümlinger direkt zu der seit Vertov und mit der Abbildrealismusdebatte vernachlässigten Möglichkeit des Dokumentarfilms über, Authentizität durch die Darlegung der eigenen Mittel zu erreichen. Sie übergeht jene Möglichkeit, die *Mur Murs* bietet und die dem „umgekehrten Versuch" tatsächlich entspricht: mit fiktionalen Stilen zu spielen, ohne den dokumentarischen Charakter abzulegen; oder, um es Odins Konzeption gemäß zu formulieren: ein nichtfiktionaler Film kann, wie dieses Filmbeispiel zeigt, fiktivisierende Lektüreanweisungen geben und dennoch in seinem Endergebnis als Dokumentarfilm perzipiert werden. Auf diese Möglichkeit soll weiter unten genauer eingegangen werden (vgl.3.1.1.2.).

Vardas Film *Les glaneurs et la glaneuse* verwendet nun in der Tat das von Blümlinger dargelegte Mittel der Reflexivität: zu keiner Zeit gibt Varda, die als Enunziator *per se* des Films angesehen werden kann, explizit Anweisungen zu

---

[322] Christa Blümlinger, *Blick auf das Bilder-Machen. Zur Reflexivität im dokumentarischen Film*, in: ders. (Hg.), *Sprung im Spiegel*, 1990, S.193.
[323] Ebenda.
[324] Ebenda, S.194.
[325] Blümlinger zufolge gebrauchen u.a. die Filme *Chronique d'un été, Moi, un noir* und *Shoah* das Mittel der Reflexion.

einer fiktivisierenden Lektüre. Im Gegenteil: sowohl *textintern* als auch *textextern* betont sie, dass *Les glaneurs* als Dokumentarfilm gelesen werden soll. So erklärt sie als Kommentatorin im Film: „L'autre glaneuse, celle du titre de ce documentaire, c'est moi"[326] und schreibt im Beiheft der DVD: „Ce film est documentaire par son sujet".[327]

Ein wesentlicher Punkt, der Reflexivität möglich macht, ist die Darlegung der Produktionstechnik im Werk. In *Les glaneurs* dient dies jedoch nicht nur als Authentizitätsnachweis – womit sich ein Unterschied zu anderen Dokumentarfilmen ergibt –, sondern stellt zugleich ein Sujet dar: Varda integriert die Entdeckung und den Gebrauch der neuen digitalen Technik in den Diskurs des Films. So verkündet sie gleich zu Beginn:

> „Ces nouvelles petites caméras, elles sont numériques, fantastiques. Elles permettent des effets stroboscopiques, des effets narcissiques et même hyperréalistiques".[328]

Ihre Begeisterung für die neuen technischen Möglichkeiten geht aber noch über den Film hinaus, da sie die DVD-Version von *Les glaneurs* selbst konzipiert, wie sie im Beiheft verkündet:

> „Le DVD est entré dans les mœurs et dans les foyers. [..] Moi, je suis entrée dans la création du DVD – le premier de ma vie – avec enthousiasme, comme pour mon premier film en 1954".[329]

Auf der DVD befindet sich neben dem Film *Les glaneurs et la glaneuse* (unterteilt in 41 Kapitel mit präzisen Titelangaben)[330] reichlich Bonusmaterial („un bonus, des boni"), darunter die Fortsetzung des Films, *Deux ans après* (unterteilt in 27 Kapitel),[331] auf den abschließend zurückzukommen sein wird.

Das zentrale Thema von *Les glaneurs* lässt sich unter dem Sammelbegriff „glanage" (Übriggebliebenes auflesen, sammeln) zusammenfassen. Mit der Definition dieses Ausdrucks, vorgelesen aus dem französischen Standardlexikon

---

[326] Agnès Varda, *Les glaneurs et la glaneuse*, DVD, Ciné-Tamaris – SCÉRÉN/CNDP 2002, Kap.4.
[327] Ebenda, Beiheft, S.7.
[328] Ebenda, Kap.4.
[329] Ebenda, S.3.
[330] Vardas detaillierte Kapiteleinteilung auf der DVD kommt einer Sequenzliste gleich, weshalb eine solche für die vorliegende Analyse nicht erstellt wurde, sondern auf jene Kapitel rekurriert wird.
[331] *Deux ans après* war ursprünglich nur als Bonusmaterial für die DVD geplant, ergab aber aufgrund der Materialfülle einen eigenständigen Film von 64 Minuten Länge.

Nouveau Larousse Illustré, eröffnet Varda den Film: „*G comme glanage. Glaner,* c'est ramasser après la moisson. *Glaneur, glaneuse,* celui ou celle qui glane".[332] Insgesamt vereint *Les glaneurs* drei Sujets:

> „Il [ce film] est né de plusieurs circonstances. D'émotions liées au vu de la précarité, du nouvel usage des petites caméras numériques et du désir de filmer ce que je vois de moi: mes mains qui vieillissent et mes cheveux qui blanchissent".[333]

Die Filmemacherin fungiert als „Bindeglied" zwischen den Sujets; ihre Beziehung zur neuen Technik, zu sich selbst und zu den repräsentierten Menschen hält den Film zusammen, strukturiert ihn. Varda spielt, die diskret im Hintergrund agierende Hauptrolle in ihrem Film:

> „J'apparais le moins possible. Je dis en tous cas les commentaires. [...] En laissant ma voix, j'ai l'impression que c'est un peu de moi qui reste dans le film. Du charnel".[334]

Die subjektive Perspektive, die sie in *Les glaneurs* einnimmt und die den Effekt einer autobiographischen Erzählung erzeugt, legt die von Odin geprägte Bezeichnung des *cinéma du JE* nahe (vgl.1.2.4.). Die Narrationsweise des Films entspricht aber genauer gesagt der eines Reisetagebuchs. Auf der Suche nach Sammlern und Sammlungen im weitesten Sinne reist Varda mit dem Auto quer durch Frankreich und kommentiert dabei die verschiedenen Etappen: „On a pris la route vers le nord [...]. Puis on est arrivé dans la ville d'Arras. On a vu sa place. On a vu son musée, et *La Glaneuse* de Jules Breton".[335] Auffällig ist, dass sie in ihrer Erzählung immer wieder zwischen der ersten und dritten Person hin- und herspringt (wobei „on" auch „man" bedeuten kann). Dies weist zum einem darauf hin, dass sie (bewusst oder unbewusst) zwischen ihrer Meinung und allgemeinen Informationen unterscheidet, zum anderen, dass sie ihre Filmreise in Begleitung anderer unternimmt.

Letzteres, das heißt, die Präsenz zumindest eines weiteren Ton- und Kameramannes bei den Aufnahmearbeiten, ist zudem sowohl dem Abspann als auch Sequenzen zu entnehmen, in denen Varda im Bild zu sehen ist. So wird die Kamera in Kapitel 4 in einem verwischten Schwenk auf sie gerichtet, in Kapitel 10

---

[332] Ebenda, Kap.1.
[333] Ebenda, Beiheft, S.7.
[334] Agnès Varda, *Agnès Varda*, in: Lisières, S.26.
[335] Agnès Varda, *Les glaneurs et la glaneuse*, DVD, Kap.4.

wird Varda dabei gefilmt, wie sie sich selbst filmt und in Kapitel 19 folgt ihr die Kamera bei einem Spaziergang unter Feigenbäumen. Varda tritt noch in weiteren Sequenzen ins Bild, aber bereits diese Beispiele machen deutlich, dass die Kamera in solchen Momenten nicht alleingelassen auf einem Stativ steht, sondern von jemandem bedient wird. Wenn die Filmemacherin also folglich einige Aufgaben ihrem Team überlässt, so sei dennoch auffällig, konstatiert Colette Milon, „à quel point le documentaire selon Agnès Varda est avant tout l'œuvre d'une seule et unique personne".[336]

Les glaneurs trägt in jedem Bild die Handschrift seines Autors. Den Film daher als Autorenkino zu klassifizieren kommt auch Vardas Konzeption der „cinécriture" entgegen: „Cela [la „cinécriture"] veut dire écrire le film à partir du moment où on repère les lieux, les gens et les idées, jusqu'à la fin du mixage".[337] Was einem Autorenkino zu Gute kommt, erdrückt auf der anderen Seite den Anspruch der Reflexivität. Die Omnipräsenz Vardas in Les glaneurs schränkt die Reflexionsmöglichkeit für den Zuschauer ein – oftmals wird vorgegeben, wie ein Bild zu lesen ist. Gleichzeitig verleiht Varda dem Film gerade durch die Einbeziehung ihrer Person sowie durch die Darstellung ihrer Zugangsweise zum Material ein hohes Maß an Autoreflexivität.

Darüber hinaus gibt sie eine Vielzahl anderer Meinungen wieder; sie lässt den unterschiedlichsten Menschen, vom Landstreicher über den Koch bis hin zum Philosophen, stets Raum und Zeit sich zu artikulieren. Dies wird besonders eindringlich in jener Sequenz deutlich, in der eine ältere Frau von ihren Erinnerungen des Ährenlesens erzählt und dabei einige Handgriffe demonstriert (Kapitel 2): über ihren Bericht hinaus bleibt die Kamera auf sie gerichtet, so dass der Zuschauer Zeit hat, etwas mehr von ihrer Person, ihrem Leben, sowie ihrer Beziehung zur Filmemacherin zu erfahren. Varda lässt die Sequenz zudem länger ausklingen als es das Sujet verlangt.

Von der Idee geleitet, Orte und Situationen aufzuspüren in denen etwas (auf-) gesammelt wird, stößt Varda im Laufe des Films auf die Thematik der Kartoffelauslese (Kapitel 6 – 10): die Industrie deklariert nicht normgerechte Kartoffeln als Abfall und schüttet sie auf die Felder zurück, wo sie von Privatleuten wieder

---

[336] Colette Milon, La cinécriture d'Agnès Varda, S.136.
[337] Agnès Varda, zitiert nach Colette Milon, Ebenda, S135f.

aufgesammelt werden. Varda filmt den gesamten Ablauf und entdeckt dabei herzförmige Kartoffeln, die zum Symbol des gesamten Films avancieren:

> „Elles [les pommes de terre en forme de cœur] ont guidé pour moi toute la construction et le sens du film: surprises et révélations pleines de sens".[338]

Von solchen Zufallsentdeckungen und -begegnungen, die sich stets dem Oberthema „sammeln" zuordnen lassen, sind viele Sequenzen geprägt. So erklärt Varda während einer Autofahrt in Kapitel 24:

> „La rencontre se fait aussi parfois sur la route. Cela nous est arrivé. A gauche une usine desaffectée. En regardant de l'autre côté, une enseigne: „trouvailles". „Brocante" on connaît, mais „trouvailles" ça invite."[339]

Einem Impuls folgend betritt sie die Fundgrube („Trouvailles") und entdeckt, wie es der Zufall will, ein Bild auf dem Ährenleserinnen repräsentiert sind. Varda erkennt darin eine Kombination aus den Gemälden *Des glaneuses* von Jean-François Millet und *La Glaneuse* von Jules Breton wieder und bemerkt (aus dem Off): „Le peintre avait sans doute le dictionnaire Larousse ancien". Diese Sequenz (= Kapitel 24) weist, trotz des Zufallscharakters und dem damit verbundenen Garant der Authentizität, den die Filmemacherin ihr zuschreibt, eine typische Inszenierungsstrategie des gesamten Films auf, weshalb eine genaue Analyse dieser Sequenz an dieser Stelle angebracht scheint.

---

[338] Agnès Varda, *Agnès Varda*, in: Lisières, S.20.
[339] Agnès Varda, *Les glaneurs et la glaneuse*, DVD, Kap.24.

Einstellungsprotokoll (Auszug) zu *Glaneurs, Glaneuse* (2000), Agnès Varda

Kapitel 24: „Magasin de trouvailles", bestehend aus acht fest und acht bewegt gedrehten Einstellungen (E1-16)

E1 (bewegt)   [...]   E3 (bewegt)

E6 (bewegt)   [...]   E10 (bewegt)

E14 (fest)   E15 (bewegt)

[...] © *Les Glaneures et la Glaneuse* – Agnès Varda, Cine-Tamaris

Kapitel 24 besteht formal-technisch betrachtet aus sechzehn verschiedenen Einstellungen (E), inhaltlich als Sequenz zusammengehalten ab dem Moment der Entdeckung der Fundgrube (E1) bis zum Verlassen des Ortes (E16). Offensichtlich ist genau die eine Hälfte der Einstellungen bewegt (von Hand), die andere fest (von Stativ) gedreht worden.[340] Das Besondere an dieser Sequenz ist, dass sie so montiert wurde, dass sie sichtbar die Chronologie der Ereignisse nicht einhält, aber dennoch – oder gerade deshalb – den Zufallsmoment betont: Varda hat, wie sie am Ende der Sequenz noch einmal beteuert, dieses für ihr Thema so passende Gemälde tatsächlich „zufällig" gefunden und war womöglich sogar zu genau diesem Zeitpunkt mit der Kamera vor Ort. In der filmischen Umsetzung aber inszeniert sie das Ereignis trotzdem durch eine geschickte Auflösung des Handlungsablaufs.

Dabei fällt auf, dass die bewegte Aufnahme auf dem Gang in die Halle hinein (E3) plötzlich durch eine Szene unterbrochen wird, in der Varda und eine unbekannte Frau einer im Gerümpel platzierten Schaufensterpuppe die Hand schütteln (E4-6). Darauf folgen mehrere sehr schnelle Standbilder von Objekten bzw. Figuren im Raum (E7-9). Erst danach wird der Gang an der Stelle fortgesetzt, an der er unterbrochen wurde, das Bild „entdeckt" (E10) und von Varda kommentiert (E11-14).[341] Anschließend versichert sie (aus dem Off) den Zufallsmoment der Sequenz (E15-16):

> „Promis-juré ce n'est pas du cinéma truqué. On a vraiment trouvaillé ces glaneuses par le plus purs des hasards. C'était un objet-tableau qui nous avait appelé, parce qu'il avait sa place dans le film".[342]

Hier findet also eine doppelte Inszenierung statt: das „authentische" Ereignis, der wirkliche Moment der Entdeckung, wird nicht unmittelbar gezeigt, sondern

---

[340] Offensichtlich deshalb, weil eine absolut regungslos gehaltene Handkamera zwar theoretisch denkbar, praktisch aber kaum umsetzbar, dann aber für den Zuschauer auch nicht erkennbar wäre. Daher zählt hier jede nicht sichtbar verwackelte Einstellung zur Stativaufnahme, selbst wenn sie aus der Hand gedreht worden sein könnte (oder aber auch aus einer auf festem Untergrund platzierten Kameraposition heraus entstanden ist).
[341] E10 könnte überdies auch die tatsächlich fortlaufende Aufnahme E3 sein, da sie die Anfangsbewegung fortzusetzen scheint, was den Eindruck einer Unterbrechung auch erst erwirkt und damit den starken Inszenierungscharakter in der Erzählweise Vardas zusätzlich unterstützt.
[342] Ebenda.

bewusst arrangiert und zudem mit einer anderen nachgestellten Szene kombiniert (Rekonstruierende Inszenierung).

Die enge Verbindung von Inszenierung und Repräsentation, welche den gesamten Film durchzieht, lässt sich auf Vardas Konzept, Imaginäres mit Realem zu kombinieren, zurückführen – wobei sie in *Les glaneurs* stets „reale" Menschen und Situationen inszeniert und den Film deswegen dokumentarisch gelesen sehen will. Colette Milon schlägt daher vor, statt von einer „mise en scène" vielmehr von einer „mise en situation" der Menschen in Vardas „reinen" Dokumentarfilmen zu sprechen.[343] Dass dieser Ausdruck in der Tat die Art der Inszenierung von *Les glaneurs* treffend beschreibt, macht eine Definition deutlich die der Dokumentarfilmer Laurent Chevallier, aus eigener Erfahrung sprechend, für diese Bezeichnung liefert:

> „Je n'aime pas tellement le mot „mise en scène". La mise en scène est quand même très liée à un lieu et à un type de travail artistique précis sur quelque chose qui a été imaginé, écrit. Moi, j'ai affaire à un décor naturel, à des personnages réels qui vivent des situations réelles. Ce n'est pas la mise en scène, mais plutôt la mise en situation".[344]

Wobei für die Selbstinszenierungen Vardas in *Les glaneurs* eher der von Hattendorf geprägte Begriff der „metadiegetischen Inszenierung" angebracht ist.

Generell folgt der Film nicht Depardons Regel, nur das zu zeigen, was sich auch ohne die Abwesenheit der Kamera so abgespielt hätte, sondern vielmehr der Regel des *cinéma vérité*, Spuren einer Inszenierung nicht zu verwischen. Das prägnanteste Beispiel hierfür ist Kapitel 4, in welchem sich Varda mit einem Ährenbündel auf dem Rücken, im Museum der Stadt Arras neben dem Gemälde *La Glaneuse* von Breton und vor einem buntbedrucktem Tuch, positioniert. Entscheidend hierbei ist, dass, bevor die nahe Einstellung von Varda mit dem Ährenbündel gezeigt wird, in einer Halbtotalen zu sehen ist, wie zwei Museumswächter das Tuch halten. Auf diese Weise wird dem Zuschauer vor Augen geführt, dass er einem inszenierten Moment beiwohnt. Dies wird in Kapitel 20, in welchem ein Anwalt über die Rechtslage des Sammelns auf Privatgrundstücken aufklärt, auf eine ähnliche Art deutlich. Denn letzterer steht während seines Vortrags in offizieller Tracht und mit dem Gesetzbuch unter dem Arm mitten in einem Kohlfeld – was sollte er dort tun, wenn er nicht von Varda dort postiert

---

[343] Colette Milon, *La cinécriture d'Agnès Varda*, S.132.
[344] Laurent Chevallier, zitiert nach Guy Gauthier, *Le Documentaire – un autre Cinéma*, S.127.

worden wäre? Solche Szenen der Offenlegung von Strategien zur Inszenierung des Realen stellen ein wesentliches Charakteristikum des Films dar.

Darüber hinaus erfährt die Funktion des „Sammelkatalogs", welche nach Kracauer die grundlegende Eigenschaft des photographischen Bildes bildet, mit *Les glaneurs* eine doppelte Belegung: mit Hilfe des filmischen Apparats „sammelt" Varda Bilder, welche „das Sammeln" repräsentieren, beziehungsweise bewahrt sie vor dem Tode (dem Vergessen). Dies wirft unweigerlich die Frage nach dem Ende auf, das heißt, wann oder wo hört eine Sammlung auf? Und wann soll ein Filmemacher mit dem Sammeln aufhören? Hier sei erneut auf Daney verwiesen, der im Fall von Varda feststellt, dass sie generell „liebend gern Geschichten *beginnt*", sie aber „nicht allzu gern beendet".[345] So gelingt es ihr zwar, die *Narration* von *Les glaneurs* zu beenden,[346] die *Geschichte* der Sammler ist damit aber noch nicht zu Ende.

Mit der Frage nach dem Ende ist eine grundsätzliche Problematik des Dokumentarfilms angesprochen, auf die an anderer Stelle noch genauer eingegangen werden soll (vgl.3.1.1.3.). Varda entwickelt aus eben diesem Grund die Fortsetzung des Films, *Deux ans après*, welche die Erzählung dort wieder aufnimmt, an der sie in *Les glaneurs* unterbrochen (beendet) wird. *Deux ans après* geht aber nicht nur auf jene Frage ein, die sich dem Zuschauer nach dem Verlassen eines jeden Dokumentarfilms aufdrängt, nämlich, was ist aus den repräsentierten Personen geworden? Der Film widmet sich ebenso den Reaktionen der Zuschauer auf *Les glaneurs*, also ihrer Perzeptionsweisen des Films.[347] Doch auch mit dem Ende von *Deux ans après* gelangt Varda noch zu keinem Ende. Und so fügt sie der DVD noch ein 30 Sekunden andauerndes, zusätzliches Ende bei, dass sie als „Post-Filmum" bezeichnet. Darin werden die letzten Zuschauergeschenke, sowie

---

[345] Serge Daney, *Mur murs und Documenteur von Agnès Varda*, S.115.

[346] Dass der Gebrauch des Terminus „Narration" für einen Dokumentarfilm durchaus angebracht ist, geht aus einer Erklärung Hohenbergers hervor: „Auch wenn manche Theoretiker wie der frühe Metz [...] oder Bordwell/Thompson in ihrer grundlegenden Einführung *Film Art* den Dokumentarfilm generell als nicht-narrativ bezeichnen (1993, 102) ist es heute unumstritten, dass Dokumentarfilme erzählen und dass sie sich dabei Verfahren bedienen, die der Spielfilm historisch bereitgestellt hat" (Eva Hohenberger, *Dokumentarfilmtheorie*, S.22f). Wobei sogar noch Nichols der Lapsus unterläuft, „nicht-fiktional" mit „nicht-narrativ" gleichzusetzen, wie Kiener festgestellt hat (Vgl. hierzu Wilma Kiener, *Die Kunst des Erzählens*, S.26).

[347] Varda legt in *Deux ans après* in aller Ausführlichkeit dar, was die Zuschauer ihr alles als Antwort auf ihren Film, der großen Anklang gefunden hat, gesagt, geschrieben und geschickt haben und besucht einige von ihnen. Eine genauere Analyse dieses umfangreichen Materials würde den Rahmen der vorliegenden Arbeit sprengen.

eine letzte, „verendete" herzförmige Kartoffel gezeigt und erst an dessen Ende verkündet Varda schließlich: „cette fois-ci c'est tout à fait fini". Was beendet ist, bleibt offen.

3.1.1.2. Der geschulte Blick von *Être et Avoir*

„Il y a des cinéastes qui sentent le monde avant même de le regarder. Qui le révèlent plus qu'ils ne le montrent. Qui le mettent en lumière plus qu'ils ne le mettent en scène. [...] La disposition créative de ces cinéastes consiste donc en une authentique invention du réel (du latin *invenire*, trouver) qui possède l'attribut divin de la création, parce qu'elle partage cette disposition amoureuse originelle qui fonde la nécessité créative".[348]

Diese Äußerung von Ezio Alberione bezieht sich, ganz in der Tradition Bazins, auf *alle* Filmemacher; auf alle Filmemacher, die es vermögen, die soziale Realität ins rechte Licht zu rücken, sie sichtbar zu machen für andere. Ob es sich um einen Dokumentarfilmer handelt oder nicht, entscheidend ist, so Alberione, dass er sich anderen nähern kann, „dans une démarche cognitive, réparatrice, valorisante, et en définitive réellement créative".[349] Diese Fähigkeit besitze ein Stanley Kubrick – der im übrigen seinen Film *2001: Odyssee im Weltraum* (1968) als „mythologischen Dokumentarfilm" bezeichnet hat – ebenso wie ein Nicholas Philibert. Letzterer beleuchte in seinen Filmen stets die problematische wie überraschende Beziehung des Menschen zur Welt, zu seinesgleichen und zur Geschichte. Alberione über Philibert weiter:

„Un parcours accomplit par le cinéaste, en partant chaque fois du corps concret, de la confrontation avec la nature, de l'exploration des limites et des ressources des sens, pour transformer ces thèmes en question philosophique, en problème culturel, en interrogation du sens".[350]

Dass Philibert in der Tat eine universelle Übertragung der Themen seiner Filme anstrebt, ist Äußerungen wie dieser zu entnehmen:

---

[348] Ezio Alberione, *L'homme est le destin de l'homme*, in: *Images documentaires*, Nr.45/46, 2002, S.71f.
[349] Ebenda, S.72.
[350] Ebenda, S.73.

„Un documentaire devient peut-être „du cinéma" à partir du moment, justement, où il dépasse le cadre étroit de son sujet: quelque chose en lui le transcende pour atteindre une dimension métaphorique, plus universelle. Il faut qu'on soit touché au plus profond, parce qu'au-delà du sujet, il y a une vision du monde".[351]

Wobei der Dokumentarfilmer es prinzipiell vorzieht, von dem „Projekt" eines Films zu sprechen, statt von dem „Sujet", „parce qu'un projet, c'est la promesse de quelque chose, il y a du devenir, du chemin à faire".[352] Außerdem erklärt Philibert, dass er keine Filme *über* etwas mache, sondern *mit*:

„Pour moi, il ne s'agit pas de tenir un discours „sur", je ne cherche pas à me documenter, je ne vais pas voir les spécialistes. [...] Je pars d'un non-savoir. [...] c'est ce qui me permet d'aller vers ceux que je filme, d'être „avec"...".[353]

Mit dieser Herangehensweise unterscheidet er sich deutlich von Varda, die, zumindest in *Les glaneurs*, thematisch vorgeht; alles obliegt dem Sujet, für das sie recherchiert und Fachleute und -literatur zu Rate zieht. Philibert kommt mit seiner Position vielmehr Daney entgegen, der vorschlägt, von einem „Dokument" und nicht von einem „Dokumentarfilm" zu sprechen, wenn sich ein nichtfiktionaler Film *mit* etwas befasst:

„Es [das Dokument] informiert über den Zustand der gefilmten oder zu filmenden Materie und über den Zustand des filmenden Körpers. Über den Zusammenhang des einen *mit* dem anderen. Ein gutes Dokument ist ein gelungener Anschluss. In diesem Sinne ist jeder gute Film ein Dokument. Der Rest ist „docucu".[354] Also: Der Rest ist Schweigen".[355]

Dem Begriff „Dokument" muss Philibert wiederum skeptisch gegenüberstehen, da dieser das erzählerische Moment außer Acht lässt, welches für ihn von zentraler Bedeutung ist. Philibert betont, dass es ihm in seinen Filmen um das Erzählen von Geschichten, nicht etwa um eine repräsentative Wiedergabe der

---

[351] Nicholas Philibert, *Entretien avec Nicholas Philibert*, in: *Images documentaires*, Nr.45/46, 2002, S.48.
[352] Ebenda, S.49.
[353] Ebenda, S.48f.
[354] Die Bezeichnung „docucu" ist ein Wortspiel, in etwa übersetzbar mit „albernes Dokument". Sie geht auf Raymond Queneau zurück, der, auf den Dokumentarfilm der dreißiger/vierziger Jahre bezogen, verkündete: „Les gosses, ça les emmerde le docucu, et comment!" (Vgl. Raymond Queneau, *Loin de Rueil*, Paris, 1945).
[355] Serge Daney, *Mur murs und Documenteur von Agnès Varda*, S.114f.

Realität,[356] geht. Seine Filme machen genau jene Problematik deutlich, die nach Hohenberger die Unterscheidung zwischen nichtfiktionalen und fiktionalen Filmen erschwert, denn sie beruhen auf einem Plot, schaffen ein raum-zeitliches Kontinuum und die Handlung der repräsentierten Helden ist psychologisch motiviert. Philiberts Position legt die These nahe, dass er den Zuschauer explizit zu einer fiktivisierenden Lektüre seiner Dokumentarfilme anweist.

Michel Guilloux bezeichnet Philiberts Konzeption des Dokumentarfilms als „un art de la narration et du récit"[357] und Frédéric Sabouraud geht sogar soweit, von „Märchen des Realen" zu sprechen.[358] Auf den Märchencharakter würden bereits die Titel seiner Filme hinweisen:

> „Le pays [des sourds]... La ville [Louvre]... Ces formules nous ramènent de manière explicite au pays du conte. Il était une fois...".[359] Von dem Film Être et avoir behauptet Philibert dies sogar selbst: „le film a un peu la dimension d'un conte [...]. Les paysages dans le film ont aussi la fonction de nous faire rentrer dans un conte. Ces grands sapins, ces grands arbres qui bougent au début, la neige qui tombe".[360]

Insbesondere die Eröffnungssequenz des Films, auf die Philibert hier anspielt, legt eine märchenhafte Erzählweise nahe. Sabouraud beginnt die Erzählung des (realen) Märchens Être et avoir daher folgendermaßen:

> „Il était une fois une petite école dans une grande forêt, avec d'immenses arbres aux contours inquiétants...Il était une fois un havre de paix dans une nature hostile [...]. Il était une fois un lieu chaud et douillet [...] où un adulte avait enfin le temps de nous aider, de nous écouter, nous, les enfants de ce drôle de pays qui existe et qui n'existe pas".[361]

Einen Kommentator, der diese Rolle des „Märchenonkels" einnimmt, gibt es in dem Film allerdings nicht. Im Gegensatz zu Les glaneurs enthält Être et avoir –

---

356 Frédéric Sabouraud konstatiert, dass es ein genereller Irrtum ist, anzunehmen, ein Dokumentarfilm müsse repräsentativ sein oder schlimmer noch, ihm würden bestimmte Aufgaben obliegen, die für den Fiktionsfilm nicht gelten wie „respecter le pourcentages, représenter un archétype, un portrait robot, un instanané du présent" (Frédéric Sabouraud, Un cinéma qui cicatrise, in: Images documentaires, Nr.45/46, 2002, S.104.).

357 Michel Guilloux, Filmer le réel n'est pas le photocopier, in: Dossiers de l'audiovisuel, Nr.109, 2003, S.36.

358 Frédéric Sabouraud, Un cinéma qui cicatrise, in: Images documentaires, Nr.45/46, 2002, S.105.

359 Ebenda, S.104.

360 Nicholas Philibert, Interview mit Nicholas Philibert, DVD, Arte Edition, Absolut Medien 2003.

361 Frédéric Sabouraud, Un cinéma qui cicatrise, S.104.

wie die übrigen Filme Philiberts – keine kommentierende Off-Stimme. Diese Tatsache ist ein wesentliches Merkmal seiner fiktivisierenden Lektüreanweisung: durch die fehlende Adressierung an den Zuschauer bleibt die Illusion des Films ungebrochen. Anders formuliert: im Film wird dem Zuschauer nicht gesagt, er befinde sich in einem Film – genauso wenig wie ihm gesagt wird, dass er sich in einem *Dokumentar*film befindet (im Unterschied zu *Les glaneurs*). Diese Feststellung lässt vermuten, dass ein Zuschauer, der nicht über textexterne Informationen verfügt, den Film als „reinen" Fiktionsfilm lesen könnte. Dies steht nun im krassen Widerspruch zu Odins folgender Behauptung:

> „Eine Tatsache ist sicher: „Ein Zuschauer, der mit geschlossenen Augen in einen Saal eintreten und dem man einen Film vorführen würde, von dem er niemals reden gehört hat, weiß nach einigen Minuten sofort, ob es sich um einen fiktionalen Film oder um einen Dokumentarfilm handelt", und das selbst dann, wenn er den Vorspann nicht gesehen hat".[362]

Die Möglichkeit, dass *Être et avoir* aber unter solchen Umständen als fiktionaler Film perzipiert werden könnte, sollte in jedem Fall in Betracht gezogen werden.

Im Regelfall verfügt der Zuschauer jedoch über textexterne Informationen und auch einige textinterne können dem aufmerksamen Beobachter Hinweise darüber geben, dass er sich letztendlich doch in einem nichtfiktionalen Film befindet. So enthält *Être et avoir* zum Beispiel eine Sequenz, die sich auffällig von den anderen dadurch unterscheidet, dass sie die reportagetypische Situation eines Interviews aufweist (II.12.).[363] Bei der Gartenarbeit unterbrochen fängt die zentrale Figur des Films, der Grundschullehrer Georges Lopez, hier unvermittelt an, von sich und seiner Familie zu berichten. Er blickt dabei abwechselnd in die Kamera und in die Richtung aus der Fragen („Et vous, qu'est-ce qui vous a donné envie d'être instit[uteur]?"; „Vos parents ont dû être fiers de vous?") an ihn gerichtet werden. Der Fragesteller wird nicht gezeigt, seine Stimme lässt sich aber als diejenige Philiberts identifizieren. Diese Interviewsequenz, die als einzige die Präsenz des Filmemachers andeutet, bricht mit der restlichen Vorgehensweise des Films und weist zu einer dokumentarisierenden Lektüre an. Dennoch fügt

---

[362] Roger Odin, *Dokumentarischer Film – dokumentarisierende Lektüre*, S.296.

[363] Die grobe und ungenaue Kapiteleinteilung (zumindest der deutschen) DVD-Version des Films macht eine Sequenzliste notwendig. Im folgenden soll daher auf die unten angefertigte Liste rekurriert werden (Seite 93).

sie sich harmonisch in das Gesamtbild des Films ein und lässt weiterhin eine fiktivisierende Lesart zu, vermutlich deswegen, da die Figur des Lehrers selbst
märchenhaft erscheint, wie auch einer Äußerung Sabourauds zu entnehmen ist:

> „*Être et avoir* c'est ça: un conte moderne fondé sur du réel, avec un lieu et un person-
> nage mythiques qui traversent la vie des élèves et celle des spectateurs en leur faisant
> du bien".[364]

Der geduldige Lehrer Lopez führt seine kleine, im Herzen der Region Auverg-
ne gelegene Dorfschule mit derselben Fürsorge, mit der er sich auch um seinen
Garten kümmert. In ihrem Aufsatz „*Être et avoir*" de Nicholas Philibert ou les
premiers pas sur la Lune bemerkt Anne Brunswic hierzu:

> „C'est en paysan (d'autrefois) qu'il [le maître] conduit sa classe, respectueux des sai-
> sons, des rythmes naturels et des propriétés de chaque sol: les tomates ont besoin de
> soleil autant que les violettes demandent de l'ombre".[365]

Die nach dem natürlichen Rhythmus des Lebens ausgerichtete Unterrichts-
methode des Lehrers weist eine auffällige Parallele zur Narration des Films auf.
Denn diese folgt dem Verlauf der Jahreszeiten: sie beginnt im tiefsten Winter,
verharrt eine lange Zeit im Frühjahr und endet mit Sommerbeginn, das heißt vor
den großen Schulferien (der letzte gesprochene Satz lautet: „bonnes vacances").
Zeit, Dauer und Rhythmus sind die wesentlichen Elemente die den Film konsti-
tuieren. Bezeichnenderweise führt eine, in die erste Sequenz eingeschobene
Szene (I.1.) dem Zuschauer den Stellenwert der Zeit auf einer metaphorischen
Ebene vor Augen: während draußen in der Kälte der hektische Arbeitstag der Eltern beginnt und der kleine Schulbus die Kinder im Schneegestöber zur Schule
fährt, kriechen in dem noch leeren und ruhigen Klassenzimmer zwei Schild-
kröten umher. „Mais la leçon de la tortue s'adresse aussi au cinéaste", stellt
Brunswic weiter fest, „[car] dans le cinéma documentaire, „rien ne sert de cou-
rir...".[366] Diesem Prinzip des Dokumentarfilms entsprechend lässt Philibert auch
seinen Figuren die Zeit, sich zu entwickeln.

---

[364] Frédéric Sabouraud, *Un cinéma qui cicatrise*, S.106.
[365] Anne Brunswic, „*Être et avoir*" de Nicholas Philibert ou les premiers pas sur la Lune, in: *Images documentaires*, Nr.45/46, 2002, S.116.
[366] Ebenda.

In Bezug auf die mehr oder weniger gleichwertig repräsentierten Kinder bedeutet dies, dass jedes es im Laufe des Films schafft, eine Hürde zu überwinden. Ob es sich um das Erlernen der Zahl 7 oder um den ersten erfolgreich gewendeten Pfannkuchen (Crêpe) handelt – jedes Kind erreicht etwas, dass es in seiner Entwicklung ein Stück weiter voran und dem Zuschauer etwas näher bringt. Darin, also in der Darstellung von Ereignissen die einen Anfang und ein Ende besitzen, ist zudem ein weiteres Kennzeichen des Erzählcharakters von *Être et avoir* zu sehen oder wie Philibert es formuliert: „dès qu'il y a un problème à resoudre et des difficultés à surmonter, il y a histoire".[367]

---

[367] Nicholas Philibert zitiert nach Michel Guilloux, *Filmer le réel n'est pas le photocopier*, S.37.

Sequenzliste zu *Etre et Avoir* (2002), Nicholas Philibert

Timecode	Inhalt der Sequenz	bes. formales Merkmal
	I. WINTER	
00:44	1. Situierung und Ankunft in Dorfschule	Wind, Vogelgezwitscher,
	2. Unterricht (große und kleine Kinder)	Stimmengewirr, Klarinette
06:25	die Kleinen schreiben und lesen	
13:39	die Großen schreiben ein Diktat	
16:55	die Kleinen malen (Nachsitzen	p.o.v. (point of view shot)
	von Jojo, Pause)	
23:27	3. gemeinsames Crêpes backen	
25:07	4. Ausflug (1) (Rodeln)	Nahaufnahmen
26:10	5. Unterricht (Mathe, Große helfen	Totale; Klavier
	Kleinen, Radiergummispiel)	
	II. FRÜHLING	
28:23	1. Radfahrender Junge (1)	Totalen; Vogelgezwitscher, Kla-
28:59	2. Streit (1) (Julien – Olivier)	vier, Geige, Klarinette
34:06	3. Lebensumfeld von Julien	
34:20	3.1. Arbeit auf dem Bauernhof	
35:15	3.2. Hausaufgaben mit Familie	
40:03	4. Unterricht (die Kleinen rechnen)	
45:40	5. Lebensumfeld von Nathalie	
46:20	kleine Schwester in der Molkerei	
46:42	Hausaufgaben mit Mutter	
47:10	6. Gespräch Lehrer – Nathalies Mutter	
50:32	7. Gespräch Lehrer – große Kinder	Schuss – Gegenschuss
53:54	8. Belehrung Jojo (Händewaschen)	Nahaufnahmen
57:02	9. Streit (2) (Jojo – Johann)	
59:31	10. Lebensumfeld von Olivier	
59:47	10.1. Hausaufgaben mit Mutter	
01:00:13	11. Julien kocht für kleine Schwester	
01:01:05	12. Lehrer bei der Gartenarbeit	Interviewsituation
01:04:54	13. Unterricht (die Kleinen lesen)	
01:05:38	14. Im Kopierraum	
01:07:16	15. Unterricht (die Kleinen schreiben)	
01:10:44	16. Besuch der neuen Schule	Klavier; Klarinette
01:12:09	15.1. In der Bücherei	
01:15:57	15.2. In der Kantine	
01:16:50	17. Gespräch Lehrer – Olivier	
01:19:16	18. Nathalies Geburtstag	
	III. SOMMER	
01:20:25	1. Radfahrender Junge (2)	Totalen; Vogelgezwitscher,
01:20:58	2. Unterricht (Diktat im Freien)	Botschaft: „Ah, me revoilà!"
01:21:23	3. Ausflug (2) (Zugfahrt, Picknick)	
01:25:16	4. Ankunft der Neuen	Totale; Klarinette, Geige
01:29:42	5. Zeugnisbesprechungen	
01:32:53	6. Gespräch Lehrer – Nathalie	p.o.v.
01:36:20	7. Verabschiedung	

Das wesentliche Merkmal einer jeden Erzählung ist es, einen Anfang und ein Ende zu haben, das heißt eine zeitliche Sequenz zu bilden.[368] Innerhalb der „großen" Narration des Films, die sowohl durch die Repräsentation eines Schuljahres als auch des letzten Jahres des Lehrers an seiner Schule eine zeitliche wie inhaltliche Begrenzung erfährt, finden also viele weitere kleine Erzählungen statt. Hierzu gehört ebenso jene Szene, in welcher ein kleiner Junge (Jojo) während des Unterrichts versucht, ein Poster, das viel größer als er selbst ist, an einer Magnetwand zu befestigen (I.2.1.). Die Anweisung zu einer fiktivisierenden Lesart, die hier unter anderem aufgrund der Erzählstruktur entsteht, bemerkt auch Brunswic:

> „Contre toute attente, le gamin réussit. Cet exploit minime, fixer au mur un poster pédagogique, Philibert réussit à en tirer une séquence de cinéma à laquelle rien ne manque, ni le petit héros auquel on s'identifie, ni le suspense né de la crainte devant la catastrophe imminente, ni le happy end".[369]

Philibert kann den genauen Ablauf von Ereignissen, sowie ihre Dauer nicht im voraus wissen. Dennoch macht die Routine eines Schulalltags eine gewisse Vorrausicht der Dinge möglich: eine Schule bringt, wie jede Institution – und hier ergibt sich eine Parallele zu den Filmen Depardons –, sich wiederholende Handlungen oder ganze Handlungsabläufe hervor. Dass Philibert sich dessen bewusst ist und dies bereits bei der Aufnahme berücksichtigt, erklärt er selbst:

> „On dit toujours que le documentaire n'autorise qu'une seule prise parce que l'événement n'a lieu qu'une seule fois. C'est à la fois vrai et faux. Au fond, la vie d'une classe est faite aussi d'événement répétitifs. Si je ne suis pas satisfait d'une scène, je sais que je pourrai toujours la filmer le lendemain ou le surlendemain. À l'invers il est des situations uniques".[370]

Être et avoir lässt sich demzufolge einerseits in wiederkehrende Situationen (Unterrichtsstunden, Gespräche mit Eltern, Streitigkeiten unter den Kindern) und andererseits in einmalige Ereignisse (die beiden Ausflüge, der Besuch der neuen Schule, Nathalies Geburtstag) einteilen. Darüber hinaus gibt es aber noch

---

[368] Vgl. hierzu auch Christian Metz, *Bemerkung zu einer Phänomenologie des Narrativen*, in: ders., *Semiologie des Films*, Wilhelm Fink Verlag, München 1972. Metz legt in diesem Kapitel Merkmale zur Erkennung narrativer Gebilde dar (obgleich er sie nicht dem Dokumentarfilm zugesteht).
[369] Ebenda, S.114.
[370] Nicholas Philibert zitiert nach Michel Guilloux, *Filmer le réel n'est pas le photocopier*, S.37.

verbindende Elemente, die den Übergang von einer Situation (Sequenz) zur nächsten herstellen (dialogfreie, meist mit Musik unterlegte Landschafts-, Umgebungs- und Detailaufnahmen)[371] und solche, die der Charakterisierung der Figuren dienen (die Lebensumstände der Kinder, das Interview mit dem Lehrer). Eine besondere Stellung nimmt die zweimal wiederkehrende Sequenz des radfahrenden Jungen ein (II.1. und III.1.). Sein Erscheinen, eingebettet in Landschafts- und Umgebungsaufnahmen, kündigt zu beiden Zeitpunkten den Wechsel der Jahreszeiten an. Bei seinem zweiten Auftritt verkündet der Junge sogar laut: „Ah, me revoilà!" – als repräsentiere er den inoffiziellen Boten der Jahreszeiten. Auffällig ist, dass Philibert die verschiedenen Situationen abwechselnd und gleichmäßig dosiert, ähnlich der fiktionsnahen Montage Depardons: auf ein alltägliches Ereignis folgt ein außergewöhnliches, auf ein aktionsreiches folgt ein ruhiges, auf ein tragisches ein komisches. Diese Art der Montage trägt zum Rhythmus des Films sowie zur fiktivisierenden Lesart bei.

Inwieweit die repräsentierten Situationen jeweils inszeniert wurden, ist gerade aufgrund des fiktivisierenden Lektüreanspruchs den Philibert offensichtlich verfolgt, schwerlich auszumachen. Im Gegensatz zu *Les glaneurs* gibt es keine offene Darlegung der Inszenierung und kaum Inszenierungsspuren – einzig das Interview ist eindeutig als eine inszenierte Sequenz zu identifizieren. Doch Philibert erklärt, dass er durchaus in die vorfilmische Realität eingreift:

> „Je vais peut-être, dans certain cas, proposer une situation [...] plausible, qui aurait pu avoir lieu sans moi. Par exemple, cette scène où le maître demande à Jojo jusqu'à combien on peut compter [...]. Je l'ai proposé, parce qu'elle aurait pu se passer la veille ou la semaine d'après sans que je sois là".[372]

Philibert gibt also nicht nur eine Modellierung der Realität offen zu, er macht sogar ohne Bedenken davon Gebrauch, solange der „Rahmen des Möglichen" dadurch nicht gesprengt wird. Eine weitere Sequenz die diese Vorgehensweise Philiberts illustriert, ist die in der zwei kleine Kinder (Jojo und Marie) vergeblich versuchen, etwas zu kopieren (II.14.). Sie hätten niemanden zur Hilfe holen können, so Philibert, da die Kamera bei der Aufnahme dieses Ereignisses auf dem Stativ im Türrahmen stand und den Ausgang versperrte. Hier scheint die Bezeichnung der „Kamera als Katalysator" mehr als angebracht – hat sich diese Se-

---

371 Die verbindenden Elemente sind in der Sequenzliste nicht berücksichtigt.
372 Nicholas Philibert, *Interview mit Nicholas Philibert*, DVD.

quenz doch im wahrsten Sinne nur *aufgrund* der (physischen) Anwesenheit der Kamera ergeben.[373]

In *Être et avoir* ist also das Erkennen von Inszenierungen fast ausschließlich aufgrund textexterner Informationen möglich. Wie aber wirkt sich das Wissen darum letztlich auf die Perzeption des Films aus? Welchen pragmatischen Status erhält der Film, wenn der Zuschauer weiß, diese oder jene Sequenz sei inszeniert worden? In seinem Aufsatz *Fakt oder Fiktion?* spricht Frank Kessler in diesem Zusammenhang von der Möglichkeit eines „dritten Lektüremodus, der der Doppelbödigkeit des Textes Rechnung trägt".[374] Kessler geht dieser Idee allerdings nicht weiter nach, beziehungsweise stellt keine weiteren Überlegungen zu Art oder Benennung eines solchen dritten Lektüremodus' an. Er bemerkt lediglich, dass „die Blockierung der dokumentarisierenden Lektüre" nicht unbedingt zu einer Perzeption des Textes als Fiktion führen muss. Wie das Beispiel *Être et avoir* zeigt, kann der Zuschauer in der Tat fiktivisierende Lektüreanweisungen in den dokumentarisierenden Lektüremodus integrieren, so dass sich für ihn ein „dokumentarisches Ganzes" ergibt. Ebenso sollte ihn das Wissen um inszenierte Elemente den Film weiterhin als Dokumentarfilm perzipieren lassen.[375] Insofern scheint die Einführung eines dritten Lektüremodus, der eine fiktivisierende Lesart des Dokumentarfilms berücksichtigt, durchaus angebracht.

3.1.1.3. Voraussicht und Zufall im Leben von *Mimi*

„La seule raison d'être d'un roman est de s'attacher vraiment à reproduire la vie (Henry James)" – so lautet das Zitat, welches Claire Simon ihrem Film *La vie de Mimi* (2003) vorauschickt.[376] Es veranschaulicht die Idee, welche Simon zu ihrem Film veranlasste, nämlich, das (wahre) Leben ihrer langjährigen Freundin

---

[373] Die Komik dieser Sequenz wird zusätzlich dadurch betont, dass am Ende der darauffolgenden kurz zu sehen ist, wie ein Techniker stillschweigend den Kopierer repariert (II.15.).

[374] Frank Kessler, *Fakt oder Fiktion?*, in: montage/av, 7/2/1998, S.74..

[375] Inwiefern die Perzeptionsweise eines Films sich ändert, je nachdem ob der Zuschauer von inszenierten Elementen *während des Schauens* oder *nachträglich* erfahren hat, bleibt allerdings zu untersuchen.

[376] Im Unterschied zur Kinofassung des Films fehlt der DVD-Version dieses Zitat. Zudem lautet der Titel hier nur noch *Mimi*, nicht *La vie de Mimi*.

Mimi Chiola zu *erzählen*. Über die Form der Erzählung war die Filmemacherin sich jedoch nicht von Anfang an im klaren:

> „J'ai [...] eu très envie d'écrire une fiction inspirée de la vie de Mimi. J'imaginais déjà un grand film à la *Autant en emporte le vent* [*Vom Winde verweht*, A.d.Ü.]! Mais, comme je déteste les films d'époque, j'ai finalement préféré l'idée d'une fiction en forme de documentaire, d'un film qui permette au roman d'une vie d'apparaître à la manière d'un puzzle...".[377]

Ihr Entschluss, aus dem „romanhaften" Leben von Mimi keinen Fiktionsfilm, sondern einen „fiktiven" Dokumentarfilm zu machen, hängt mit der Tatsache zusammen, dass Mimi selbst eine gute Erzählerin ist:

> „J'étais éblouie par la capacité de Mimi de raconter. Elle est une cinéaste sans péllicule. Toutes les histoires c'étaient des scènes. On voyait les images se construire. [...] Comment en faire la mise en scène? Il fallait produire ses images avec le tissu du présent".[378]

Mimi versteht es, mit Worten Bilder, die sich nach und nach zu einer Geschichte zusammenfügen (zu einer Erzählung mit Anfang und Ende), hervorzurufen. Sie hat das Talent, einen Film im Kopf des Zuhörers entstehen zu lassen. Dieses Phänomen bestätigt der Filmkritiker Éric Quéméré, wenn er erklärt: „Mimi raconte des histoires, et on jurerait ensuite les avoir vues".[379] Simons Leistung besteht also „lediglich" darin, das visuelle Vorstellungs- und Mitteilungsvermögen von Mimi in einen dokumentarischen Rahmen zu bringen. Hierin zeigt sich eine Parallele zu Vardas Konzeption, Imaginäres mit Realem zu verbinden – wobei Simon weder sich noch irgendein Ereignis inszeniert, sondern einzig ihre Protagonistin. Hierzu gehört, dass sie sie den gesamten Film hindurch (die Erzählzeit entspricht dabei der Zeit der Aufnahmearbeiten, das heißt einem Monat) in der selben Kleidung auftreten lässt – Mimi trägt in jeder Sequenz dasselbe *Hardrock Café*-T-Shirt, eine Jeanshose und eine Jeans- oder Lederjacke. Im Gegensatz zur dreimal auftretenden (Neben-)figur des Geigenspielers, postiert Simon ihre Hauptfigur allerdings nicht, sondern führt sie lediglich an Orte, die sie zum Erzählen inspirieren sollen. So erklärt Simon auch ihre Vorgehensweise:

---

[377] Claire Simon zitiert nach Éric Quéméré, *Le plan de Nice me servait de scénario*, in: *Zurban*, Nr.9, 2003, S.34.
[378] Claire Simon, nach der Vorführung des Films im Kino *MK2 Beaubourg*, 13/04/03.
[379] Éric Quéméré, *Le plan de Nice me servait de scénario*, S.35.

„Le film est une sorte de performance", , „Le principe c'était de dire à Mimi: „Ne pense à rien, on ira dans certains lieux de Nice, qu'on regardera côte à côte, et dans ces lieux je voudrais que tu laisses venir un souvenir." Tout dans le film est apparu ainsi, au hasard".[380]

Simon betont, dass der Film, obwohl sie darin mehrmals Fragen stellt und sich mit Mimi unterhält, ohne jemals im Bild zu sein, niemals ein Gespräch wiedergibt: „Il n'y a pas de questions dans le film, c'est une parole".[381] Sie interviewt Mimi nicht, sondern lässt sie reden. Mehr noch als ihre Figur, inszeniert Simon also deren Wort/Rede (parole), so dass es angebracht scheint, von einer „mise en scène du récit" beziehungsweise einer „mise en scène de la parole" zu sprechen – so wie es bereits auf ihren früheren Film, *Récréations*, in anderer Weise zutrifft (vgl.1.3.3.).

---

[380] Claire Simon zitiert nach Éric Quéméré, *Le plan de Nice me servait de scénario*, S.34.
[381] Claire Simon, nach der Vorführung des Films im Kino *MK2 Beaubourg*, 13/04/03.

Sequenzliste zu *La vie de Mimi* (2003), Claire Simon

Timecode	Ort/Situation der Sequenz	bes. formales Merkmal
	I. IN DER STADT (Nizza)	
00:00	1. Vorspann und Situierung	Wechsel Schrift – Schwenk
	2. In und vor einem Altarraum	
01:42	2.1. Mimi allein	Geige; Kirchenglocken
04:13	2.2. Ein Geigenspieler (1)	diegetischer Musikeinsatz
04:34	3. In einem Innenhof	
06:25	4. An einer Straßenkreuzung mit Musikerfreund Diego (1)	diegetischer Musikeinsatz
09:03	5. Auf einer Anhöhe mit Blick auf Meer	zwei horizontale Schwenks
11:12	6. In einem Gang	Adressierung an Simon
15:54	7. Über den Dächern der Stadt	Fahrt; Musik von Puccini
18:48	8. An einer Bushaltestelle	vertikaler Schwenk
	9. An Eisenbahnschienen	
22:27	9.1. Mimi allein	
24:36	9.2. Mimi mit Sammler	
28:45	10. Am Strand	
29:04	10.1. Mimi mit Teeverkäufer	
29:40	10.2. Mimi mit singendem Mann	
30:36	11. Auf einem Sportplatz	
	12. Auf einer Brücke	Geige, ca.270°-Schwenk,
35:32	12.1. Mimi mit Geigenspieler (2)	diegetischer Musikeinsatz
37:24	12.2. Mimi allein	
46:06	13. Im Hafen	Totale
46:30	13.1. Mimi auf Schiff mit Matrose	
49:32	13.2. Mimi allein	
	14. Vor einer Kirche	
52:29	14.1. Mimi mit zwei Rappern	
53:34	14.2. Mimi allein	Adressierung an Simon
58:26	15. In einem Park	
01:01:56	16. Auf einem Platz in der Innenstadt	
01:02:09	16.1. Mimi mit Geigenspieler (3)	diegetischer Musikeinsatz
01:02:38	16.2. Mimi allein	Geige; kombi. Schwenk
01:06:05	17. In und vor einem Bahnhof	
	II. AUF DEM LAND (Saorge, Sainte-Croix)	
01:10:44	1. An einem Brunnen mit Blick auf Stadt	kombinierter Schwenk
01:12:34	2. Auf dem Feldweg zu Mimis Haus	
01:23:47	3. Auf dem Hof von Mimis Anwesen	Simon interviewt Nachbarn
01:25:39	4. In Mimis Haus mit den Nachbarn	
	5. Auf dem Hof	
01:26:52	5.1. Mimi allein	
01:29:59	5.2. Mimi mit Diego (2)	diegetischer Musikeinsatz
01:33:42	5.3. In der Kapelle mit Diego (3)	diegetischer Musikeinsatz
01:34:21	5.4. Mimi allein	
01:38:11	5.5. Tanz mit Freundin, Diego musiziert (4)	diegetischer Musikeinsatz

In *La vie de Mimi* unternehmen die beiden Frauen, die filmende und die ge-
filmte Person, also gemeinsam mit dem Zuschauer einen Spaziergang durch Nizza – der Stadt, in der Mimi aufgewachsen ist –, sowie der ländlichen Umgebung –
dort, wo sie heute wohnt – und lassen dabei dem Wort freien Lauf. Je weiter der
Film sowohl im geographischen Sinne als auch mit der Narration voranschreitet,
um so mehr erfährt der Zuschauer über Mimi, aber auch über die Zeit, in der sie
gelebt hat. Die Filmkritikerin Isabelle Regnier konstatiert diesbezüglich:

> „Fortement inscrite dans l'histoire du siècle, son histoire individuelle [celle de Mimi], me-
> née comme un combat régulier, emporte le spectateur de la seconde guerre mondiale aux lut-
> tes féministes en passant par l'histoire de la classe ouvrière".[382]

So thematisiert Mimi etwa die Nahrungsmittelknappheit während des Zweiten Weltkrieges, in dem sie mehrmals von ihrem Vater und dessen verzweifelten
Versuchen spricht, Essen für sich und die Familie zu besorgen. Der Anblick eines
Gartentores, das Mimi von einer Anhöhe aus erspäht, inspiriert sie zur Geschichte des Zitronendiebstahls (Sequenz I.5.), welche von ihrem Vater handelt, der eines Tages, um Zitronen zu pflücken, mit einem Kameraden einen privaten und
verminten Garten betrat.[383] Im Weitergehen entdeckt Mimi am Ende eines langen Ganges ein weiteres Portal, welches sie dazu veranlasst, die Geschichte zu
Ende zu erzählen (Sequenz I.6.): der Vater lag, durch die Minensplitter am Bauch
verletzt, genesend im Krankenhaus, als ihm eine gutmütige Frau auf sein Betteln
hin vorzeitig etwas zu Essen schenkte (ein Stückchen Weißbrot) und er – welch
Ironie des Schicksals – daran verstarb.

Die darauffolgende Sequenz (I.7.) gewährt dem Zuschauer einen Moment der
Ruhe, um das gerade Erfahrene zu verarbeiten. Denn sie besteht aus einer einzigen langen Einstellung (2'54''), einer Fahrt vorbei an den Dächern von Nizza, un-
terlegt mit dem Stück *E luceran le stelle* aus der Oper *La Tosca* von Giacomo Puc-
cini – die Wahl der Musik betont die Tragik der vorangehenden Geschichte. Diese Sequenz ist zudem die einzige, die einen rein extradiegetischen Musikeinsatz

---

[382] Isabelle Regnier, *Promenade buissonnière à travers les histoires de Mimi Chiola*, in: *Le
Monde*, 09/04/03, S.30.
[383] Die Zahlenangaben beziehen sich auf die Sequenzliste zum Film (Seite 99).

aufweist und, mit Ausnahme des Vorspanns, auch die einzige, in der Mimi nicht auftritt.[384]

Die Sequenz des Zitronendiebstahl weist ebenso wie diejenige, in der Mimi die Thematik der Arbeiterklasse anspricht, als sie von ihrer ersten Arbeitsstelle im Strickwarenhandel des Bruders berichtet (Sequenz I.12.), ein im Film häufig gebrauchtes formales Mittel auf: den Kameraschwenk.. Während in der Sequenz I.5. jedoch zwei horizontale Schwenks, die sich über die Landschaft hinweg, einmal auf Mimi zu und dann von ihr wegbewegen, den Eindruck einer einzigen, langen Einstellung erwecken (tatsächlich gibt es einen kaum merklichen Schnitt), so ermöglicht der Schwenk in Sequenz I.12. einen Panoramablick. Die Kamera macht hier, angefangen bei Mimi die lässig an einem Brückengeländer lehnt, eine langsame Bewegung einmal um die eigene Achse herum und endet auf dem Geigenspieler, der auf der anderen Seite der Brücke steht (die Musikquelle wird also am Ende der Einstellung diegetisch).

Diese Art der Kamerabewegung erinnert an die 360°-Schwenks anderer Dokumentarfilme wie zum Beispiel Depardons *10 minutes de silence pour John Lennon* (1980) oder *Zu früh, zu spät* (1980/81) von Jean-Marie Straub und Danièle Huillet. Doch im Gegensatz zu dem Film *10 minutes de silence pour John Lennon*, der aus einer einzigen 360°-Bewegung besteht, ist in diesem Schwenk von *La vie de Mimi* keine Motivation zur Bewegung auszumachen (kein Körper, kein Element im Bild gibt eine Geschwindigkeit oder Richtung vor). Der Schwenk scheint ausschließlich von dem Anfangs- und Endpunkt (den Figuren) motiviert zu sein.

Tatsächlich lassen sich in *La vie de Mimi* drei Arten von Motivation für die häufig vorkommenden Schwenkbewegungen feststellen: entweder sie haben, wie hier, einen festgelegten Anfangs- und Endpunkt, folgen einem bewegten Körper (Läufer auf dem Sportplatz, Ameisen auf einem Baum, Schiffe am Horizont) oder Mimis Blick. Wobei Comolli noch eine weitere Möglichkeit sieht, nämlich die des Wortes:

> „Ce n'est pas au hasard que la cadreuse décadre la narratrice. Sur un mot, un accent, après une phrase, avant une autre, la caméra de Claire Simon lentement s'écarte du vi-

---

[384] In der Sequenzliste sind diejenigen Sequenzen gekennzeichnet, in denen Mimi mit einer anderen Person zusammenkommt; in den übrigen tritt sie allein auf.

sage ou du corps tout entier de Mimi et va, sur l'élan de sa parole, filmer ce sur quoi se posent les mots".[385]

Wie immer auch ein Schwenk motiviert ist und welche Richtung er auch einnimmt (ob horizontal, vertikal, diagonal oder kombiniert), seine vorrangige Funktion besteht in der Deskription eines Ortes. Dadurch bestätigt er zugleich die Unabhängigkeit des Schauplatzes von „narrativen Zwängen", das heißt, er erbringt einen Authentizitätsnachweis und weist zu einer dokumentarischen Lesart an. Darüber hinaus gewährt die Schwenkbewegung dem Zuschauer einen Freiheitsmoment in zweierlei Hinsicht: zum einen befreit sie das Bild von einer strengen Kadrage, die das hors-champ ausklammert und dem Zuschauer einen bestimmten Bildausschnitt aufzwingt, zum anderen schafft sie Raum für Reflexion. In La vie de Mimi kommt die Schwenkbewegung mindestens einmal in jeder Sequenz vor und stellt somit ein konstitutives formales Element des Films dar.

Ein weiteres wichtiges Element des Films sind – auf einer inhaltlichen Ebene – die fünf Zufallsbegegnungen, die Mimi im Laufe des Spaziergangs macht. Ebenso wie die Orte an die Simon sie führt, wecken die zufälligen Begegnungen in Mimi Erinnerungen und regen sie zum Erzählen an. Besonders eindringlich geschieht dies in jener Sequenz, in welcher Mimi entlang der Eisenbahnschienen gehend von dem Tag im Jahre 1945 erzählt, an dem ihr Bruder, um Arbeit zu finden, in einen Zug stieg und für lange Zeit aus ihrem Leben verschwand (Sequenz I.9.1.). Kaum dass sie mit der Erzählung geendet hat, taucht ein verträumter Sammler von Modelleisenbahnen auf, der ihr genau jene Zuggeräusche vorspielt, die sie zuvor beschrieben und die er auf Kassette aufgenommen hat (Sequenz I.9.2.).

Diese erste Zufallsbegegnung motiviert Mimi nicht bloß weiterzuerzählen, sondern kreiert überdies eine Verbindung zwischen der imaginären Welt ihrer Erzählungen und der realen Welt des Films – eine visuelle Entsprechung hierzu liefert jene Einstellung, in welcher zu sehen ist, wie die Erzählerin mit der realen Person durch die Kabel der Kopfhörer verbunden ist. Eine derartige Verbindung weisen die darauffolgenden zwei Zufallsbegegnungen am Strand (Sequenzen I.10.1. und I.10.2.) nicht auf. Denn weder der armenische Teeverkäufer noch der singende Italiener(?) auf die Mimi hier trifft, regen sie zum Erzählen an. Ihre zu-

---

[385] Jean-Louis Comolli, Voir et pouvoir, S.691.

fällige Begegnung treibt auch die Narration des Films nicht voran. Diese Zufalls-begegnungen stellen vielmehr eine Art Unterbrechung dar, eine Pause, in der Mimi Luft holen (und Tee trinken) kann, um im folgenden weiter erzählen zu können.

Die vierte Zufallsbegegnung weist wiederum eine Verbindung zur Erzählwelt Mimis auf, da die Erzählerin hier mit einem Matrosen über ihren Jugendtraum spricht, als Mechanikerin auf einem Schiff zu arbeiten (Sequenz I.13.1.). Und in der letzten Zufallsbegegnung (Sequenz I.14.1) entsteht die Verbindung auf eine andere Weise. Hier entwickelt sich zwischen den zusammentreffenden Personen kein Dialog, aber der Rapsong, den zwei Jugendliche in die Kamera blickend vor-tragen, während Mimi im Hintergrund steht, handelt von dem nicht immer ein-fachen Leben in der Stadt Nizza – wodurch eine Verbindung über die themati-sche Ebene hergestellt wird. Keine der fünf Zufallsbegegnungen des Films weist, im Gegensatz zu einigen in *Les glaneurs*, Inszenierungsstrategien auf. Der Mo-ment der Begegnung findet in *La vie de Mimi* entweder im Bild statt oder hat kurz vorher stattgefunden, wird aber in jedem Fall nicht von der Filmemacherin vorgegeben und ist auch nicht nachgestellt, wie allein aus den spontanen Reak-tionen der jeweiligen Personen herauszulesen ist. Diese Tatsache trägt wesent-lich zur dokumentarischen Lesart des Films bei.

Die Narration des Films endet mit der Ankunft in Mimis heutigem Leben. Die letzten Sequenzen zeigen sie außerhalb von Nizza, auf ihrem abgelegenen Hof in der gebirgigen Umgebung. Die Wahl ihres Domizils spiegelt ihr Leben wider, in welchem sie sich mühsam hocharbeitete, wie der Zuschauer im Laufe der Erzäh-lung erfahren hat. Heute besitzt das Kind armer Eltern, welches mit elf Jahren die Schule abgebrochen hat, um die kranke Mutter zu pflegen, ein idyllisch gele-genes Anwesen in den Bergen der Provence und ein Restaurant in der nahegele-genen Stadt Saorge. Der langsame Übergang von vergangenen Realitäten zu ge-genwärtigen sowie von öffentlichen Orten zu privaten, charakterisiert nicht nur den Verlauf der Narration, sondern ebenso die Vorgehensweise der Filmema-cherin: langsam nähert sie sich der Erzählerin, um ihr, wie dem Zuschauer die Zeit zu geben, nach und nach tiefer in die Geschichte(n) eintauchen zu können. Mit dieser Methode führt Simon letztlich eine Traditionslinie fort, die auf Rouch und Morin zurückgeht und die Comolli als „cinéma de la parole" bezeichnet:

„La parole en marche, le corps qui se déplace de mot en mot nous disent [...] à quel
point tout récit est parcours à travers un territoire et comment le geste documentaire
le plus simple appelle les fantômes et tisse les fictions".[386]

Simon lässt in ihrem Film imaginäre Bilder vor einem realem Hintergrund ablaufen; sie integriert den fiktivisierenden Diskurs des Films in die soziale Realität.

In gewisser Weise ist *La vie de Mimi* der inszenierteste der hier analysierten
Filme, da sein gesamtes Konzept darauf beruht, etwas zu filmen, was ohne die
Anwesenheit der Kamera so nicht stattgefunden hätte – der Spaziergang ist für
den Film geplant worden, die Orte, an denen Mimi erzählen soll, zuvor festgelegt
worden. Andererseits enthält der Film selbst keine inszenierten Elemente und
lässt dem Zuschauer einen großen Freiraum sowohl zur Reflexion als auch zur
Imagination. Aufgrund dessen wird er *La vie de Mimi* letztlich als Dokumentarfilm perzipieren. Der Zuschauer wird sich auch hier fragen können: was ist aus
den repräsentierten Personen geworden? Im Gegensatz zu Varda wird Simon
ihm darauf jedoch keine Antwort geben.[387] Denn sie hat mit dem letzten Bild des
Films (in Sequenz II.5.5.), das sie mitten in der Bewegung einfrieren lässt (Mimi
tanzt hier mit einer Freundin), nicht nur über das Ende der Narration entschieden, sondern auch über das der Geschichte, getreu ihrem Motto: „il faut avoir le
courage de ses propres opinions: si on dit c'est fini, c'est fini". Sie hat Mimi bis
hierin erzählen lassen und nicht weiter. Alles was danach kommt, ist etwas Neues.

---

[386] Jean-Louis Comolli, *Voir et pouvoir*, S.685.
[387] Simon sieht keinen Sinn darin, zu zeigen, was aus den repräsentierten Personen geworden
ist. Daher hält sie auch Vardas Bonusmaterial *Deux ans après* für „vidé de tout enjeux par rapport au film" und sieht darin lediglich ein „produit dérivé de l'ordre du fétiche" im Sinne Bazins, da Varda hier mit allen Mitteln versucht, etwas vor der Vergänglichkeit zu bewahren,
statt den „temps inventé pour le spectateur" zu akzeptieren.

4. Resümee und Ausblick

Vor über hundert Jahren bereiteten Auguste und Louis Lumière den Weg zu einem nichtfiktionalen Kino. Sie glaubten daran, dass bewegte Bilder, die das Leben „so wie es ist" repräsentierten, eine große Zuschauerschaft anziehen würden und sie behielten recht. Wie groß allerdings das Interesse der Gesellschaft an Filmen sein würde, die das Leben in seiner Alltäglichkeit dokumentieren und sie damit die Entstehung einer eigenständigen Gattung in Gang setzten, ahnten sie vermutlich nicht.[388]

Wie der erste Teil dieser Arbeit veranschaulicht hat, wuchs der nichtfiktionale Film rasch über die noch „flächigen" Aufnahmen der Lumière-Brüder hinaus und nahm, im Laufe seiner Geschichte, vom Aktualitätenfilm über den Propagandafilm bis hin zum *cinéma direct* sowie dessen Erben, verschiedenste Formen an und erfüllte die unterschiedlichsten Funktionen. „Yet, in all of this diverse development", stellt Richard Barsam hierzu fest, „its primary functions have remained simple and steadfast: to record and interpret".[389] Damals wie heute besteht die primäre Aufgabe des Dokumentarfilms darin, eine Sichtweise auf die Welt, einen Ausschnitt der Wirklichkeit wiederzugeben. Dass es sich dabei stets um eine subjektive Perspektive handelt, um eine *bestimmte* Sichtweise auf die Realität und einen *ausgewählten* Ausschnitt, ist früh erkannt worden. Bereits in den zwanziger Jahren sprach Grierson aus diesem Grund von einem „creative treatment of actuality" und in den siebziger Jahren wurde aus diesem Grund in Frankreich die Kategorie „documentaire de création" eingeführt. Die Anerkennung eines schöpferischen Akts bei der Produktion eines Dokumentarfilms sichert ihm heute seinen Platz neben dem Fiktionsfilm.

Die Rolle der Kamera tritt dabei zusehends in den Hintergrund – stellen die von ihr aufgezeichneten Bilder doch keinen Garant der Authentizität dar. Der Dokumentarfilm muss folglich Strategien entwickeln, um Authentizität gewährleisten zu können. Auf der anderen Seite muss der Zuschauer ebenso auf andere Zeichen als die Indexikalität des filmischen Bildes rekurrieren, um einen Film

---

[388] Dass die Dokumentation des Alltags eine weite Verbreitung gefunden hat, zeigt sich in der Tradition des Familienfilms, die mit der Einführung leichter und billiger Aufzeichnungsmethoden weiter zugenommen hat. (Vgl. hierzu auch Roger Odin (Hg.), *Le film de famille. Usage public, usage privé*, Édition Meridiens Klincksieck, Paris 1995.)

[389] Richard Barsam, *Non-Fiction Film*, S.378.

dokumentarisch lesen zu können, wie im theoretischen Part dargelegt wurde. Im digitalen Zeitalter gestaltet sich zudem die eindeutige Lesbarkeit eines Films als eines dokumentarischen immer schwieriger, erweist sich sogar als unmöglich, wenn einzig der Aspekt der Authentizität berücksichtigt wird. Klaus Kreimeier bemerkt diesbezüglich:

> „Mit der fortschreitenden Vervollkommnung der elektronischen und nunmehr digitalen Abbildungs- und Übertragungstechniken, verschwindet allmählich die Authentizität aus den Wirklichkeitsbildern – so wie die technische Reproduzierbarkeit seit dem 19. Jahrhundert die Kunstwerke um ihre Aura gebracht hat".[390]

Gleichwohl werden weiterhin Dokumentarfilme produziert und von einem breiten Publikum perzipiert – der Mangel an Glaubwürdigkeit verringert also nicht das Interesse an ihnen. Im Gegenteil: die Auseinandersetzung mit Bildern des Wirklichen findet umso mehr statt, je mehr es von ihnen gibt. Sie hört nicht auf, nur weil der Authentizitätsgrad der Bilder nicht mehr zu ermessen ist. Vielmehr scheint der Ansatz im Umgang mit ihnen in eine andere Richtung zu gehen. Dies stellt auch Peter Krieg fest, wenn er in seinem Aufsatz *Die Inszenierung des Authentischen* verkündet:

> „Die Kategorie der Ähnlichkeit zieht sich nicht nur durch die Kunstdebatten, sondern schon durch die Legenden und Schöpfungsmythen wohl aller Kulturen und deutet darauf hin, dass die Frage der Authentizität keine Frage technischer Perfektion, sondern vielmehr kultureller Vereinbarung auf Zeit ist".[391]

Krieg argumentiert aus der Perspektive der menschlichen Wahrnehmung heraus, welche von Mensch zu Mensch variiert und eine fehlerhafte Kommunikation hervorbringt, wenn nicht auf Konventionen zurückgegriffen wird. Er vermutet daher, dass das „derzeitige Unbehagen an der Digitalisierung der Bilder und die damit verbundenen Befürchtungen [...] ein Ausdruck von Veränderungen im Kommunikationsverhalten [sind]".[392] Der Zuschauer habe das Vertrauen in das Bild verloren, so Krieg, und müsse es erst wieder aufbauen. Könnte dieser Vertrauensverlust nicht aber auch zu einer grundsätzlich veränderten Erwartungshaltung geführt haben? Erwartet der heutige Zuschauer wirklich

---

[390] Klaus Kreimeier, *Fingierter Dokumentarfilm und Strategien des Authentischen*, in: *Close Up*, Band 9, 1997, S.44.
[391] Peter Krieg, *Die Inszenierung des Authentischen*, in: *Close Up*, Band 9, 1997, S.86.
[392] Ebenda, S.91.

immer, wie Krieg behauptet, dass der Dokumentarfilm „möglichst nah am dokumentierten Ereignis und ohne offensichtliche Eingriffe in dieses Ereignis hergestellt wird"? Wenn er um die Manipulierbarkeit des Bildes weiß und sich trotzdem nicht von ihm abwendet, perzipiert er es dann nicht zugleich auf eine andere Weise? Und ist, auf der anderen Seite, Glaubwürdigkeit das vorrangige Ziel des neueren Dokumentarfilms?

Authentizität ist zwar das Kriterium, welches letztlich zu einer dokumentarischen Lesart eines Films führt. Die hier vorgenommenen Filmanalysen zeigen aber, dass für den neueren (anthropologisch orientierten) Dokumentarfilm Narrativität im Vordergrund steht, das heißt die Möglichkeit des nichtfiktionalen Films, zu erzählen. In erster Linie wird der Frage nachgegangen, wie dem Zuschauer eine Geschichte von der Welt, in der er gerade lebt, erzählt werden kann. Inwieweit diese für wahr gehalten wird ist sekundär und hängt paradoxerweise mit dem Grad der Illusion zusammen. In diesem Zusammenhang scheint es angebracht, auf Koch zu verweisen, die auf den Film „mit historischem Interesse" bezogen, erklärt:

> „Für wirklich hält der Filmbetrachter vor allem das, was den Eindruck von Wirklichkeit macht, für wenig eindrucksvoll wird dagegen gehalten, was diesem Illusionscharakter des Mediums nicht entspricht, sondern ihn irritiert".[393]

So können Inszenierungsstrategien zur Illusion des Films beitragen, Off-Kommentare aber damit brechen, wie am Beispiel *Les glaneurs* gezeigt wurde. Wenn nun im Brechtschen Sinne argumentiert wird, dass die Störung der Illusion Denken ermögliche, Wahrscheinlichkeit dagegen den Zuschauer illusioniere,[394] so stellt sich die Frage, ob nicht im Dokumentarfilm gerade Mittel wie der (nachträglich hinzugefügte) Off-Kommentar die Reflexion des Zuschauers vielmehr unterdrücken, statt sie zu fördern. Lässt nicht die fortwährende, nicht kommentierte Illusionierung in *Être et avoir* mehr Reflexivität zu als *Les glaneurs*? Kein Zuschauer wird beim Verlassen des Kinos von der Annahme ausgehen, dass es in allen Schulen so aussieht wie in dem Film *Être et avoir* dargestellt, bloß weil textintern nicht gesagt wird, dass es sich hier um eine der wenigen

---

[393] Gertrud Koch, *Nachstellungen –Film und historischer Moment*, in: Eva Hohenberger und Judith Keilbach (Hg.), DFI, Texte zum Dokumentarfilm, Nr.9, 2003, S.223.
[394] Vgl. hierzu Friedrich Gaede, *Realismus von Brandt bis Brecht*, München 1972.

letzten Dorfschulen dieser Art handelt. Jeder Film setzt immer auch ein gewisses Vorwissen des Zuschauers voraus.

Der neuere Dokumentarfilm, wie auch der Film im allgemeinen, tendiert dazu, ein immer größeres Wissen vorauszusetzen. In dieser Hinsicht scheint *Les glaneurs* noch der alten Schule anzugehören, da dem Zuschauer auffällig viel erklärt wird und es zudem oft zu einer Entsprechung von Bild und Ton kommt – etwa in Kapitel 9, in dem die Kamera über einen Haufen weggeworfener grüner Kartoffeln schwenkt und Varda (aus dem Off) erklärt: „On sait que les patates qui sont laissées à l'air libre, deviennent très vite vertes et sont dangereuses à manger". *Les glaneurs* erweist sich letztlich mehr als ein Porträt seiner Autorin denn als ein Dokumentarfilm. Dagegen ermöglichen die Filme *Être et avoir* und ebenso *La vie de Mimi* trotz oder gerade aufgrund ihrer Inszenierungsstrategien und des Erzählcharakters ein hohes Maß an Reflexivität, da sie dem Zuschauer einen großen Freiraum zu eigenen Auslegungen gewähren.

Darüber hinaus legen die hier vorgenommenen Filmanalysen nahe, dass sich alle drei Filmemacher bei der Kreation ihrer Filme eine große Freiheit herausnehmen. Sie gehen allesamt von der Annahme aus, dass ein Dokumentarfilm von Anfang an etwas Inszeniertes sei, wie einer Äußerung Philiberts zu entnehmen ist:

> „On peut dire qu'une séquence filmée sur le vif est déjà, en un sens, mise en scène. [...] Filmer une situation, c'est déjà en donner une lecture".[395]

Dementsprechend lassen ihre Filme, der Konzeption des *documentaire de création* folgend, erkennen, dass ein Dokumentarfilm die Handschrift seines Autors trägt, beziehungsweise tragen *muss*. Unterschiedlich ist nur die Vorstellung vom Grad seiner Intervention. Sinnvoll wäre daher, zwischen einer *aktiven* und *passiven* Inszenierung des Realen zu unterscheiden, je nachdem wie sich die Präsenz des Dokumentarfilmers im Film manifestiert. Denn hieraus ergibt sich der Grad der dokumentarisierenden Lektüreanweisung, welcher in jedem Film unterschiedlich hoch ist. Philibert vermutet, dass der Erfolg von *Être et avoir* auf das universale Thema „Schule" zurückzuführen ist: „le succès du film c'est le fait

---

[395] Nicholas Philibert, *Entretien avec Nicholas Philibert*, in: *Images documentaires*, S.46f.

que l'école c'est un thème qui touche tout le monde".[396] Der hohe Grad der fiktivisierenden Lektüreanweisung in diesem Film mag aber ebenso dazu beigetragen haben.

Être et avoir illustriert die Tendenz des neueren Dokumentarfilms sich, aufgrund des Wissens um die Schwierigkeit, Glaubwürdigkeit zu vermitteln, in erster Linie auf eine narrative Struktur zu konzentrieren und in diesem Rahmen
nicht vor Inszenierungs- und Fiktionalisierungsstrategien zurückzuschrecken.
Diese Tendenz bemerken auch Organisatoren französischer Dokumentarfilmfestivals wie Jean-Pierre Rehm, der konstatiert: „Le documentaire a aujourd'hui ga-
gné la possibilité d'articuler un rapport privilégié au réel avec un geste artistique
affiché comme tel"[397] oder Marie-Pierre Duhamel-Müller, die verkündet: „Il y a
une franchise de l'affichage des procédures documentaires, c'est-à dire dans la
mise en scène du réel, qui est nouvelle".[398]

Auffällig ist dabei, dass der neuere Dokumentarfilm, wenn er Inszenierungsstrategien einsetzt, im Gegensatz zu frühen nichtfiktionalen Richtungen – wie
etwa dem *documentaire romancé* in den zwanziger und dreißiger Jahren oder
dem *poetischen Realismus* in den Vierzigern –, die metadiegetische Inszenierung
der rekonstruierenden vorzieht. So kommt es häufiger zu selbstreflexiven Verweisen als zu szenischen „Reenactments", die wenig bis gar nicht eingesetzt
werden. Während *Être et avoir* sogar keinerlei metadiegetischer Einschübe aufweist, lässt die Interaktion zwischen gefilmter und filmender Person in *La vie de
Mimi* eine subjektivierende Tendenz erkennen.

Varda bildet dagegen eine Ausnahme, da sie in *Les glaneurs* gehäuft Nachbil-
dungen einsetzt und zudem auch auf Archivmaterial zurückgreift – etwa in Kapitel 2, in welchem sie alte schwarz-weiß Aufnahmen von Ährenleserinnen in die
Sequenz einmontiert. Vor allem aber weist *Les glaneurs* den Einsatz metadiegetischer Inszenierung auf – letztlich das charakteristische Merkmal des Films.

---

[396] Nicholas Philibert, *Interview mit Nicholas Philibert*, DVD. Eine Konsequenz des Erfolges ist
die Klage, die der Lehrer Lopez gegen Philibert führt, um für seine „Rolle" des Lehrers bezahlt
zu werden. Dieser Prozess wirft eine grundsätzliche Problematik des Dokumentarfilms auf,
nämlich: sind die repräsentierten Personen nur „Personen" (*personnes*) oder Darsteller (*per-
sonnages*)? Simon hat sich mit *La vie de Mimi* klar für letzteres entschieden – sie behandelt
Mimi von Anfang an wie eine Schauspielerin und hat sie folglich bezahlt, wie dem Bonusmaterial der DVD zu entnehmen ist. Auf diese Thematik, die ein weites Diskussionsfeld eröffnet,
kann an dieser Stelle aber nur verwiesen werden.
[397] Jean-Pierre Rehm, *Le nouveau désordre documentaire*, S.19.
[398] Marie-Pierre Duhamel-Müller, *Le nouveau désordre documentaire*, S.20.

Prinzipiell fließen bestimmte Inszenierungsstrategien mit einer größeren Selbstverständlichkeit als je zuvor in die Repräsentation des Realen mit ein oder wie Comolli es formuliert: „aujourd'hui, la mise en scène ramène du réel dans ses filets".[399]

---

[399] Jean-Louis Comolli, *Voir et pouvoir*, S.79.

Bibliographie

ALBERSMEIER, Franz-Josef (Hg.) : *Texte zur Theorie des Films*, Reclam, Stuttgart (1979) 1998.

AMENGUAL, Barthélemy : *Lumière, c'est le réalisme*, in : *Lumière, le cinéma*, Katalog des Institut Lumière, Lyon 1992.

AUMONT, Jacques :
- *Les théories des cinéastes*, Édition Nathan, Paris 2002.
- *L'œil interminable – cinéma et peinture*, Librairie Séguier, Paris 1989.

Ders./ BERGALA, Alain/ MARIE, Michel/ VERNET, Marc : *Esthétique du film*, Édition Nathan, Paris (1983) (1993) 2001.

BARNOUW, Erik : *Documentary: A History of the Non-Fiction Film*, Oxford University Press, New York (1974) 1993.

BARSAM, Richard :
- *Non-Fiction Film. A critical history*, Revised and expanded, Indiana University Press, Indianapolis 1992.
- *The vision of Robert Flaherty. The Artist as Myth and Filmmaker*, Indiana University Press, Bloomington and Indianapolis 1988.

BARTHES, Roland:
- *Diderot, Brecht, Eisenstein*, in : ders., *Der entgegenkommende und der stumpfe Sinn*. Kritische Essays III, Frankfurt am Main 1990, 94-102.
- *L'effet de réel*, in : ders., *Le Bruissement de la langue*. Essais Critiques IV, Paris 1984, S.170 ff.

BAZIN, André : *Qu'est-ce que le cinéma?*, Les Éditions du Cerf, Paris (1958) 2002.

BENJAMIN, Walter : *Das Kunstwerk im Zeitalter seiner technischen Reproduzierbarkeit*, in: Gesammelte Schriften, Band I.2, Frankfurt/Main 1978.

BIZERN, Catherine (Hg.) : *Cinéma documentaire. Manières de faire, formes de pensée. Addoc 1992-1996*, Addoc et Éditions Yellow Now, Lüttich 2002.

BLÜMLINGER, Christa : *Sprung im Spiegel. Filmisches Wahrnehmen zwischen Fiktion und Wirklichkeit*, Wien 1990.

BRESCHAND, Jean : *Le Documentaire – l'autre face du cinéma*, Cahiers du Cinéma, Paris 2002.

BURCH, Noël : *La Lucarne de l'infini*, Édition Nathan, Paris 1990.

CAHIERS DU CINEMA (Zeitschrift) :
- Juliette Cerf/ Olivier Joyard : *Documentaire - Comment être et avoir du succès ?*, in : *Kaurismaki*, Nr.573, November 2002.
- *Réel ! L'ardeur documentaire*, Nr.594, Oktober 2004.

CINEMACTION (Zeitschrift), Éditions Corlet/Télérama :
- *Le documentaire français*, Nr.41, 1981.
- *Le cinéma « direct »*, Nr.76, 1995.

CLOSE UP. *Schriften aus dem Haus des Dokumentarfilms*, UVK Medien, Konstanz:
- Manfred Hattendorf : *Dokumentarfilm und Authentizität. Ästhetik und Pragmatik einer Gattung*, Band 4, 1994.
- Peter Zimmermann (Hg.) : *Strategie der Blicke. Zur Modellierung der Wirklichkeit in Dokumentarfilm und Reportage*, Band 5, 1996.
- Kay Hoffmann (Hg.) : *Trau – Schau – Wem. Digitalisierung und dokumentarische Form*, Band 9, 1997.
- Wilma Kiener : *Die Kunst des Erzählens. Narrativität in dokumentarischen und ethnographischen Filmen*, Band 12, 1999.
- Zimmermann, Peter/Hoffmann, Kay (Hgg.) : *Dokumentarfilm im Umbruch. Kino – Fernsehen – neue Medien*, Band 9, 2006.

COLLEYN, Jean-Paul : *Le regard documentaire*, Édition du Centre Georges Pompidou, Paris 1993.

COMOLLI, Jean-Louis : *Voir et pouvoir. L'innocence perdue : cinéma, télévision, fiction, documentaire*, Édition Verdier, Lonrai/France 2004.

CORNER, John : *The art of record. A critical introduction to documentary*, Manchester Universitiy Press, Manchester and New York 1996.

DELEUZE, Gilles :
- *Cinéma 1 : L'image-mouvement*, Édition Minuit, Paris 1983. Übers. : *Das Bewegungs-Bild*, Kino 1, Suhrkamp Verlag, Frankfurt/Main (1989) 1997.
- *Cinéma 2 : L'image-temps*, Édition Minuit, Paris 1985. Übers. : *Das Zeit-Bild*, Kino 2, Suhrkamp Verlag, Frankfurt/Main (1991) (1997) 1999.

DEVARRIEUX, Claire/ NAVACELLE, Marie-Christine : *Cinéma du réel*, Autrement Éditions, Paris 1988.

DISKURS FILM, Münchener Beiträge zur Filmphilologie, Film Verlag, München :

- Manfred Hattendorf (Hg.) : *Perspektiven des Dokumentarfilms*, Band 7,1995.

DOKUMENTARFILMINITIATIVE NW, Texte zum Dokumentarfilm, Vorwerk 8, Berlin :

- Gabriele Voss (Hg.) : *Dokumentarisch Arbeiten*, Band 1,1996.
- Eva Hohenberger (Hg.) : *Bilder des Wirklichen*, Band 3, (1998) 2006.
- Christa Blümlinger (Hg.) : *Serge Daney – Von der Welt ins Bild. Augenzeugenberichte eines Cinephilen*, Band 6, 2000.
- Eva Hohenberger und Judith Keilbach (Hg.) : *Die Gegenwart der Vergangenheit. Dokumentarfilm, Fernsehen und Geschichte*, Band 9, 2003.

DOSSIERS DE L'AUDIOVISUEL (Zeitschrift), Ina Édition et Documentation :

- *Le réel à l'épreuve des écrans*, Nr.109, 2003.

GAUTHIER, Guy : *Le Documentaire – un autre Cinéma*, Édition Nathan, Paris (1995) 2003.

Ders./ PILARD, Philippe/ SUCHET, Simone (Hg.) : *Le documentaire passe au direct*, VLB Editeur, Paris 2003.

GODARD, Jean-Luc : *Godard par Godard*, Édition de l'Étoile, Paris 1985.

GUYNN, William Howard: *A Cinema of Nonfiction*, Rutherford/Madison/Teaneck 1990.

HARDY, Forsyth (Hg.) : *Grierson on Documentary*, Faber and Faber, London & Boston (1946) (1966) 1979.

HERTOGS, Daan/ DE KLERK, Nico (Hg.) : *Uncharted Territory. Essays on early nonfiction film*, Stichting Nederlands Filmmuseum, Amsterdam 1997.

HICKETHIER, Knut: *Film- und Fernsehanalyse*. 4. erw. Aufl.: J.B. Metzler, Stuttgart 2007.

HOHENBERGER, Eva : *Die Wirklichkeit des Films: Dokumentarfilm. Ethnographischer Film. Jean Rouch*, Hildesheim/Zürich/New York 1988.

IMAGES DOCUMENTAIRES (Zeitschrift), Association Images en bibliothèques / Direction du Livre :

- *Cinéma du réel*, Nr.16, 1994.
- *Le cinéma direct, et après?*, Nr.21, 1995.
- *Filmer le travail*, Nr.24, 1996.
- *Parole ouvrière*, Nr.37/38, 2000.
- *Nicholas Philibert*, Nr.45/46, 2002.

JACOBS, Lewis (Hg.) : *The Documentary Tradition*, W.W. Norton & Company, New York/London (1971) 1979.

KINTOP, Jahrbuch zur Erforschung des frühen Films, Stroemfeld/Roter Stern, Basel, Frankfurt/Main :
- *Anfänge des dokumentarischen Films*, Nr.4, 1995
- *Aktualitäten*, Nr.6, 1997
- *Europäer in den USA*, Nr.10, 2001
- *Theorien zum frühen Kino*, Nr.12, 2003

KLUGE, Alexander (Hg.) : *Bestandsaufnahme: Utopie Film*, Verlag Zweitausendeins, Frankfurt/Main 1983.

KOCH, Gertrud : *Kracauer – Zur Einführung*, Junius Verlag, Hamburg 1996.

KRACAUER, Siegfried :
- *Theorie des Films*, in: ders., Schriften, Band 3, übers. von Friedrich Walter und Ruth Zellschan, Frankfurt/Main, 1973.
- *Die Photographie*, in: ders., Schriften, Band 5.2, hrsg. von Inka Mülder-Bach, Frankfurt/Main, 1990.

LA REVUE DOCUMENTAIRES (Zeitschrift) :
- *L'auteur en questions*, Nr.14, 1999.

LEBLANC, Gérard : *Scénarios du réel. information, régimes de visibilité*, Band 2, Éditions L'Harmattan, Paris 1997.

LISIÈRES (Zeitschrift) :
- *Agnès Varda*, Nr.13, 2001.

LIOULT, Jean-Luc : *A l'enseigne du réel. Penser le documentaire*, Publications de l'Université de Provence, 2004.

LYANT, Jean-Charles/ ODIN, Roger (Hg.) : *Cinémas et Realités*, Travaux XLI, Université Saint-Etienne,1984.

MARRATI, Paola : *Gilles Deleuze. Cinéma et philosophie*, Presses Universitaires, Paris 2003.

MESSERLI, Alfred/ OSOLIN, Janis (Hg.) : *Non-Fiction. Über Dokumentarfilme*, Verlag Cinema Stroemfeld/Roter Stern, Basel Frankfurt/Main 1993.

METZ, Christian : *Essais sur la signification au cinéma*, Paris 1968. Übers. : *Semiologie des Films*, Wilhelm Fink Verlag, München 1972.

MONTAGE/AV, Zeitschrift für Theorie & Geschichte audiovisueller Kommunikation:

- Decker, Christof: *Die soziale Praxis des Dokumentarfilms. Zur Bedeutung der Rezeptionsforschung für die Dokumentarfilmtheorie*, in: 7/2/1998, S.45-61.
- Ders.: *Grenzgebiete filmischer Referentialität. Zur Konzeption des Dokumentarfilms bei Bill Nichols*, in: 3/1/1994, S.61-82.
- Eitzen, Dirk: *Wann ist der Dokumentarfilm? Der Dokumentarfilm als Rezeptionsmodus*, in: 7/2/1998, S.12-44.
- Kessler, Frank: *Fakt oder Fiktion?*, in: 7/2/1998, S.63-78.

NICHOLS, Bill : *Representing reality: issues and concepts in documentary*, Indiana University Press, Bloomington 1991.

NINEY, François :
- (Hg.) : *Dans le réel la fiction*, Groupement National des Cinémas de Recherche, Paris 1993.
- *L'épreuve du réel à l'écran. Essai sur le principe de réalité documentaire*, Éditions De Boeck Université, Brüssel 2002.

NOWELL-SMITH, Geoffrey (Hg.) : *Geschichte des internationalen Films*, Verlag J.B. Metzler, Stuttgart/Weimar, 1998.

ODIN, Roger :
- *De la fiction*, Éditions De Boeck Université, Brüssel 2000.
- *L'âge d'or du documentaire. Europe : Années cinquante. France, Allemagne, Espagne, Italie*. Band 1, Éditions L'Harmattan, Paris 1998.

PONECH, Trevor, *What Is Non-Fiction Cinema ? On the Very Idea of Motion Picture Communication*, Westview Press, USA 1999.

PREDAL, René : *50 Ans de Cinéma Français*, Éditions Nathan, Paris 1996.

REGNIER, Isabelle : *Promenade buissonnière à travers les histoires de Mimi Chiola*, in: *Le Monde*, 09/04/03, S.30.

RENOV, Michael (Hg.) : *Theorizing Documentary*, Routledge, New York 1993.

ROSENTHAL, Alan (Hg.) : *New challenge for documentary*, University of California Press, Berkeley 1988.

ROTH, Wilhelm : *Der Dokumentarfilm seit 1960*, Verlag J.C. Bucher, München/ Luzern 1982.

ROTHA, Paul : *Robert J. Flaherty*, University of Pennsylvania Press, Philadelphia 1983.

THAL, Ortwin : *Realismus und Fiktion. Literatur- und filmtheoretische Beiträge* von *Adorno, Lukács, Kracauer und Bazin*, Verlag Peter Nowotny, Dortmund 1985.

ZURBAN (Zeitschrift) :
- Eric Quéméré, *Le plan de Nice me servait de scénario*, in: Nr.9, 2003, S.34f.

Weiterführende Literatur
(nach Fertigstellung der Studie erschienen)

BRUZZI, Stella : *New Documentary. 2nd Edition,* Routledge, USA/Kanada 2008.

LENKEIT, Lisa : *Der massenattraktive Dokumentarfilm im Spannungsfeld von Tradition & Innovation*, VDM Verlag, Saarbrücken 2008.

NINEY, François : *Le documentaire et ses faux-semblants*, Klincksieck, Paris 2009.

OTTERSBACH, Béatrice/VEIEL, Andres : *Dokumentarfilm. Werkstattberichte*, UVK Verlag, Konstanz 2008.

REGNIER, Isabelle : *La grande offensive du documentaire*, in: *Le Monde*, 24/04/09, S. 2.

SEGEBERG, Harro (Hg.): *Referenzen. Zur Theorie und Geschichte des Realen in den Medien*. Schüren Verlag, Marburg 2009.

SPONSEL, Daniel: *Der schöne Schein des Wirklichen. Zur Authentizität im Film,* UVK Verlag, Konstanz 2007.

Filmregister

ALLEN, Woody : *Annie Hall* (1977), *Zelig* (1983)

BUNUEL, Louis : *Las Hurdes* (1932)

CARNÉ, Marcel : *Eldorado du dimanche* (1930)

CARRÉ, Jean-Michel : *Alertez les bébés* (1978)

CASTA, Ange : *De mère en fille* (1965)

CASTELNAU, Paul : *La Traversée du Sahara en auto-chenilles* (1923)

CHENAL, Pierre : *Paris Cinéma* (1929)

CLAIR, René : *La Tour* (1928)

CLÉMENT, René : *La bataille du rail* (1946)

COUSTEAU, Jacques-Yves : *Epaves* (1946); *Le Monde du silence* (1955)

CRIJNS, Lodewijk : *Kutzooi* (1995)

DEPARDON, Raymond : *Une partie de campagne* (1974); *10 minutes de silence pour John Lennon* (1980); *Faits divers* (1983); *Délits flagrants* (1994)

DREVILLE, Jean : *À la Varenne* (1933)

FABIANI, Henri : *Mines du Nord* (1953); *La grande pêche* (1954)

FAILEVIC, Maurice : *À la campagne, un médecin de 28 ans* (1968)

FLAHERTY, Robert : *Nanook of the North* (1921); *Moana* (1926); *Man of Aran* (1934); *Louisiana Story* (1948)

FRANJU, Georges : *Le Sang des bêtes* (1948); *Hôtel des Invalides* (1951); *Monsieur et Madame Curie* (1953); *Le Grand Méliès* (1953)

GHEERBRANT, Denis : *Et la vie* (1991); *La vie est immense et pleine de dangers* (1993)

GODARD, Jean-Luc : *Paris vue par...* (1965, in Zus. mit Jean Douchet, Jean-Daniel Pollet, Eric Rohmer, Claude Chabrol und Jean Rouch); *Masculin Féminin* (1966); *Deux ou trois choses que je sais d'elle* (1967)

GRÉMILLON, Jean : *Chartres* (1924)

GROUPE MEDVEDKINE : *Rhodia 4 x 8* (1969); *Classe de lutte* (1969); *Sochaux, 11 juin 68* (1970); *Les trois-quarts de la vie* (1971); *Weekend à Sochaux* (1971)

IVENS, Joris : *Loin du Vietnam* (1967, in Zus. mit Agnès Varda, Claude Lelouch und Jean-Luc Godard)

KLEIN, William : *Au grand magasin* (1964)

KUBRICK, Stanley : *2001: Odyssee im Weltraum* (1968)

LACOMBE, Georges : *La Zone* (1928)

LANZMANN, Claude : *Shoah* (1985)

LEHMANN, Boris : *Les Halles* (1927)

LENASZ, Elia : *Pour qui les prisons* (1977)

LOTAR, Eli : *Aubervilliers* (1945)

LUMIÈRE, Louis und Auguste : *Démolition d'un mur, L'arrivé du train à la gare de Ciotat, Sortie d'usine* (1895); *Débarquement d'une mouche* (1896)

MALLE, Louis : *Place de la République* (1973)

MARKER , Chris : *Dimanche à Pékin* (1955); *Lettres de Sibérie* (1958); *Cuba si* (1962); *Le Joli Mai* (1963); *Si j'avais quatre dromadaires* (1966); *A bientôt, j'espère* (1967, in Zus. mit Mario Marret) ; *Sans soleil* (1982); *Le Tombeau d'Alexandre* (1992)

MEDVEDKINE, Alexandre : *Le Bonheur* (1934)

MUEL, Bruno : *Avec le sang des autres* (1975)

OPHÜLS, Marcel : *Le chagrin et la pitié* (1969)

PAINLEVÉ, Jean : *Le journal de la résistance* (1945, in Zus. mit u.a. Jean Grémillon, Louis Daquin, Pierre Blanchar)

PERRIN, Jacques : *Le peuple migrateur* (2001)

PHILIBERT, Nicolas : *La ville Louvre* (1990); *Le pays des sourds* (1992); *Être et Avoir* (2002)

POIRIER, Léon : *La Croisière noire* (1925)

RESNAIS, Alain : *Les statues meurent aussi* (1953, in Zus. mit Chris Marker); *Le mystère de l'Atelier 15* (1957, in Zus. mit Chris Marker)

RENOIR, Jean : *La vie est à nous* (1936, in Zus. mit u.a. Jean-Paul Chanois, Pierre Unik, Jacques Becker) ; *Grèves d'occupation* (1936)

RIEFENSTAHL, Leni : *Triumph des Willens* (1934)

ROUCH, Jean : *Les maîtres fous* (1954); *Moi un Noir* (1958); *Chronique d'un été* (1960, in Zus. mit Edgar Morin)

ROUQUIER, Georges : *Le charon* (1943); *Le tonnelier* (1945) *Farrebique, ou Les Quatre Saisons* (1946); *Biquefarre* (1983)

RUSPOLI, Mario : *Les Inconnus de la terre* (1961); *Regard sur la folie* (1962)

SAUVAGE, André : *Études sur Paris* (1928); *La croisière jaune* (1934)

SERREAU, Coline : *Mais qu'est-ce qu'elles veulent?* (1978)

SIMON, Claire : *Récréations* (1992); *La vie de Mimi* (2003)

STRAUB, Jean-Marie Straub/ HUILLET, Danièle: *Zu früh, zu spät* (1980/81)

VARDA, Agnès : *La pointe courte* (1954); *Daguerréotypes* (1975); *Mur murs* (1980); *Documenteur* (1981); *Les Glaneurs et la Glaneuse* (2000); *Deux ans après* (2002)

VERTOV, Dziga : *Der Mann mit der Kamera* (1929)

VIGO, Jean : *À propos de Nice* (1930)

VISCONTI, Luchino : *La terra trema* (1948)

FILM- UND MEDIENWISSENSCHAFT

Herausgegeben von Irmbert Schenk und Hans Jürgen Wulff

ISSN 1866-3397

Abonnement

Hiermit abonniere ich die Reihe **Film- und Medienwissenschaft (ISSN 1866-3397)**, herausgegeben von Irmbert Schenk und Hans Jürgen Wulff,

❐ ab Band # 1

❐ ab Band # ___

   ❐ Außerdem bestelle ich folgende der bereits erschienenen Bände:

    #___, ___, ___, ___, ___, ___, ___, ___, ___, ___, ___, ___

❐ ab der nächsten Neuerscheinung

   ❐ Außerdem bestelle ich folgende der bereits erschienenen Bände:

    #___, ___, ___, ___, ___, ___, ___, ___, ___, ___, ___, ___

❐ 1 Ausgabe pro Band   ODER   ❐ ___ Ausgaben pro Band

Bitte senden Sie meine Bücher zur versandkostenfreien Lieferung innerhalb Deutschlands an folgende Anschrift:

Vorname, Name: _____

Straße, Hausnr.: _____

PLZ, Ort: _____

Tel. (für Rückfragen): _____ *Datum, Unterschrift:* _____

Zahlungsart

❐ *ich möchte per Rechnung zahlen*

❐ *ich möchte per Lastschrift zahlen*

bei Zahlung per Lastschrift bitte ausfüllen:

Kontoinhaber: _____

Kreditinstitut: _____

Kontonummer: _____ Bankleitzahl: _____

Hiermit ermächtige ich jederzeit widerruflich den *ibidem*-Verlag, die fälligen Zahlungen für mein Abonnement der Reihe **Film- und Medienwissenschaft** von meinem oben genannten Konto per Lastschrift abzubuchen.

Datum, Unterschrift: _____

Abonnementformular entweder **per Fax** senden an: **0511 / 262 2201** oder 0711 / 800 1889 oder als **Brief** an: *ibidem*-Verlag, Julius-Leber Weg 11, 30457 Hannover oder als **e-mail** an: **ibidem@ibidem-verlag.de**

ibidem-Verlag

Melchiorstr. 15

D-70439 Stuttgart

info@ibidem-verlag.de

www.ibidem-verlag.de
www.ibidem.eu
www.edition-noema.de
www.autorenbetreuung.de